Die Auer
Fibel

Autorinnen:
Sarah Jakob
Ulrike Kähler

Begründet von
Kerstin Berktold
Sabine Hoyer
Birgit Illmann
Edeltraud Röbe
Heinrich Röbe

Ernst Klett Verlag
Stuttgart · Leipzig · Dortmund

Inhalt

Die Schule beginnt

Die Schule beginnt		4
Lea und Leo – zwei Wörter, fast gleich		6
Hörst du ein O/o?	● O/o	8
Leo trifft Leo	● L/l	10
Ele und Leo	● E/e	12
Alle helfen mit	● A/a	14
Methoden		16
Medien		18

Ich und meine Familie

Alle malen zusammen	● M/m	20
Pepe zu Besuch	● P/p	22
Unser Volksfest	● I/i	24
Alle am See	● S/s	26
Methoden		28
Medien		30

Einfach fantastisch

Fantastische Nasen	● N/n	32
In unserer Fantasie	● T/t	34
Mutig oder …?	● U/u	36
So viele Hüte	● H/h	38
Methoden		40
Medien		42

Ungeheure Abenteuer

Ritter	● R/r	44
Ben träumt im Bett	● B/b	46
Eine Maus in Momos Haus!	● Au/au	48
Die Gorilla-Bande	● G/g	50
Fifi ist fort	● F/f	52
Methoden		54
Medien		56

Das will ich wissen

Wale	● W/w	58
So viele Eier	● Ei/ei	60
Dinos	● D/d	62
Kreisel und Raketen	● K/k	64
Tolle Tricks mit Wasser	● -ck	66
Methoden		68
Medien		70

Zusammen Sachen machen

Sieben liebe Briefe	● -ie	72
Unser Zirkus-Tag	● Z/z	74
Witze erzählen	● -tz	76
Ich will nicht!	● -ch	78
König Gegenteil	● Ö/ö	80
Ein gesundes Frühstück	● Ü/ü	82
Methoden		84
Medien		86

🟢 Tiere

Alles über Schnecken	● Sch/sch	88
Lea wünscht sich einen Vogel	● V/v	90
Eulen und andere Tiere	● Eu/eu	92
Emil und der Jaguar	● J/j	94
Tiere im Märchen	● Ä/ä	96
Methoden		98
Medien		100

🔵 Dies und das – mit Spiel und Spaß

Sport und Spiel	● Sp/sp	102
Total verhext!	● X/x	104
Stifte und Farben	● St/st	106
Hüpfspiele	● Pf/pf	108
Wir spielen Quartett	● Qu/qu	110
Methoden		112
Medien		114

🔺 So fern und doch so nah

Eine Ausstellung	● -ng	116
Fußball überall	● -ß	118
In der Pyramide	Y/y	120
Im Land meiner Träume	● äu	122
Couscous, Curry und Calzone	● C/c	124
Methoden		126
Medien		128

🔺 Lesetechnik und Lesetexte

Methoden	130
Gefühle	132
Guter Drache, böser Drache	134
Es gibt so Tage …	136
In der Natur	138
Mein Körper	140
Alle Zeit der Welt	142
Mit Sprache spielen	144
Noch mehr Sprachspiele	146
Tier-Rätselei	148

🟢 Durch das Jahr

Jahreszeitenlied	150
Sankt Martin	152
Der heilige Nikolaus	153
Verkündigung	154
Im Winter	156
Im Frühling	157
Muttertag und Vatertag	158
Sommer, Sonne, Sommerferien	159

Die Schule beginnt

○ Was geschieht auf dem Bild? Was kannst du alles entdecken? Beschreibe.
◐ Wie begrüßen sich die Kinder und Erwachsenen? Beschreibt. Wie ist das bei euch? Spielt vor.
● Kennt ihr auch Begrüßungen in einer anderen Sprache oder in einem Dialekt? Spielt vor.

○ Welche Schilder erkennst du im Bild? Beschreibe und erkläre.
◐ Wo im Bild findest du Schrift/geschriebene Wörter? Zeige und beschreibe.
● Wozu brauchen wir Schrift? Überlege und begründe.

🔊 Lea und Leo – zwei Wörter, fast gleich

○ Was erleben die Kinder an ihrem ersten Schultag? Beschreibe.
◐ Wie war dein erster Schultag? Wie hast du dich gefühlt? Erzähle.
● Male dich in deinem Klassenzimmer. Wie heißt das Kind neben dir? Schreibe eure Namen.

Lea ist da.

Leo ist da.

Leo kann ⃞Lea⃞ lesen.

Lea kann ⃞Leo⃞ lesen.

Laute und Buchstaben → S.16

Ich höre **Laute**.

Ich sehe und schreibe **Buchstaben**.

L e o
○ ○ ○

L e a
○ ○ ○

🔊 Hörst du ein O/o?

○ Welche Tiere haben die Kinder mitgebracht? Sprich die Wörter deutlich. Hörst du ein O/o?
◐ Warum darf Leo mit dem Dino durch das O hüpfen? Erkläre. Welche Kinder dürfen noch hüpfen?
● Finde noch mehr Wörter mit O oder o. Hüpfe damit selbst durch einen O-Reifen.

Emil hat einen Reifen.

Der Reifen ist ein O.

Wer darf hüpfen?

Der Hase?

Der Dino?

Los, Leo und Dino!

Ein O/o-Plakat → S. 16

🔊 Leo trifft Leo

○ Warum wundert sich Leo? Erkläre.
◐ Welche Regeln musst du im Stuhlkreis beachten? Warum? Erkläre.
● Welche Wörter im Bild beginnen mit L? Wo hört ihr l im Wort/am Ende? Sprecht deutlich.

Da ist Leo.

Und da ist noch ein Leo.

Leo ruft: Oh! Leo?

Alle sammeln Wörter mit **L** und mit **l**:

Lama,

Pa**l**me,

Wa**l** …

Wo hörst du L/l im Wort? → S. 17

| L | | | | l | | | | l |
| am Anfang | | im Wort | | am Ende |

und

🔊 **Ele und Leo**

- ○ Hast du schon einmal ein (Puppen-)Theaterstück besucht? Erzähle.
- ● Worum geht es in dem Stück „Ele und Leo"? Lies, vermute oder denke dir selbst etwas aus.
- ● Spielt mit Handpuppen oder gemalten Stabpuppen eine Szene mit Leo und Ele. Lasst euch Tipps geben: Was war gut? Was könnt ihr noch verbessern?

Leo spielt Leo.

Samira spielt Ele.

Ele und Leo sind in Afrika.

Wen treffen Leo und Ele?

Alle schauen zu.

Lea ruft laut: Ele und Leo!

Vorspielen und zuschauen

Sprecher: laut und deutlich sprechen

Zuhörer:  leise sein und aufmerksam zuhören

  zum Sprecher schauen

Was fällt dir leichter? Warum? Begründe.

🔊 Alle helfen mit

○ Welche Dienste gibt es in der Klasse von Lea und Leo? Beschreibe.
◐ Welche Dienste gibt es in deiner Klasse? Erzähle. Wie habt ihr sie verteilt? Erkläre.
● Findet Symbole für eure Dienste. Malt sie auf Karten und gestaltet einen Dienste-Kalender.

Heute war der Tag zum **A** und **a**.
Nun räumen die Kinder auf.
Alle helfen mit.
Leo hat den Besen.
Lea und Ella wischen die Tafel.
Oh, Lea! Pass auf!

Unser Tag zum A und a

Was ist dir am Tag zum A und a besonders gut gelungen?

Lesen verstehen – jeder Buchstabe steht für einen Laut

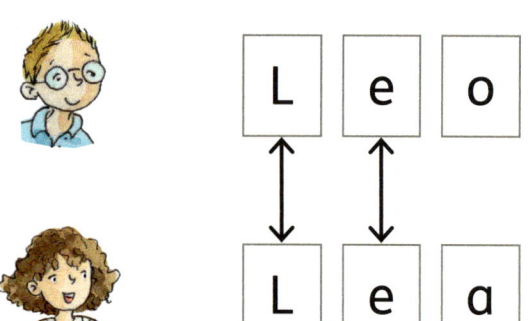

○ ❶ Sprich langsam und deutlich. Fahre dabei mit dem Finger an jedem Wort entlang.

◐ ❷ Vergleiche: Welche Laute klingen gleich? Welche Laute klingen anders?

● ❸ Schreibe die Wörter. Vergleiche: Welche Buchstaben sehen gleich aus? Welche Buchstaben sehen anders aus?

Lautkreise – ein Kreis, ein Laut

L e o. Für jeden Laut zeichne ich einen **Lautkreis**. Dann vergesse ich beim Aufschreiben keinen Buchstaben.

◐ ❹ Zeichne mit einem Bleistift Lautkreise zu:

Lea   Leo   Ella

Ele   alle   Ole   .

● ❺ Kannst du unter die Lautkreise die passenden Buchstaben schreiben?

Methoden

Wo hörst du den Laut?

Ich höre den Laut L/l an unterschiedlichen Stellen: Bei Lama am Anfang, bei Palme mitten im Wort und bei Gabel am Ende.

❶ Sprich die Wörter langsam und deutlich. Wo hörst du **L** oder **l**?

❷ Finde noch fünf Wörter mit **L** oder **l**. Wo hörst du den Laut?

Große und kleine Buchstaben

*Zu jedem Laut gehören ein großer und ein kleiner Buchstabe: **L** und **l**, **E** und **e**.*

Namen beginnen immer mit einem großen Buchstaben: Ele.

❸ Schreibe die Namen  , und .
Achte auf den großen Buchstaben am Wortanfang.

❹ Schreibe deine drei Lieblingsnamen. Denke an den Großbuchstaben.

MK Bücher erzählen Geschichten vom Schulanfang

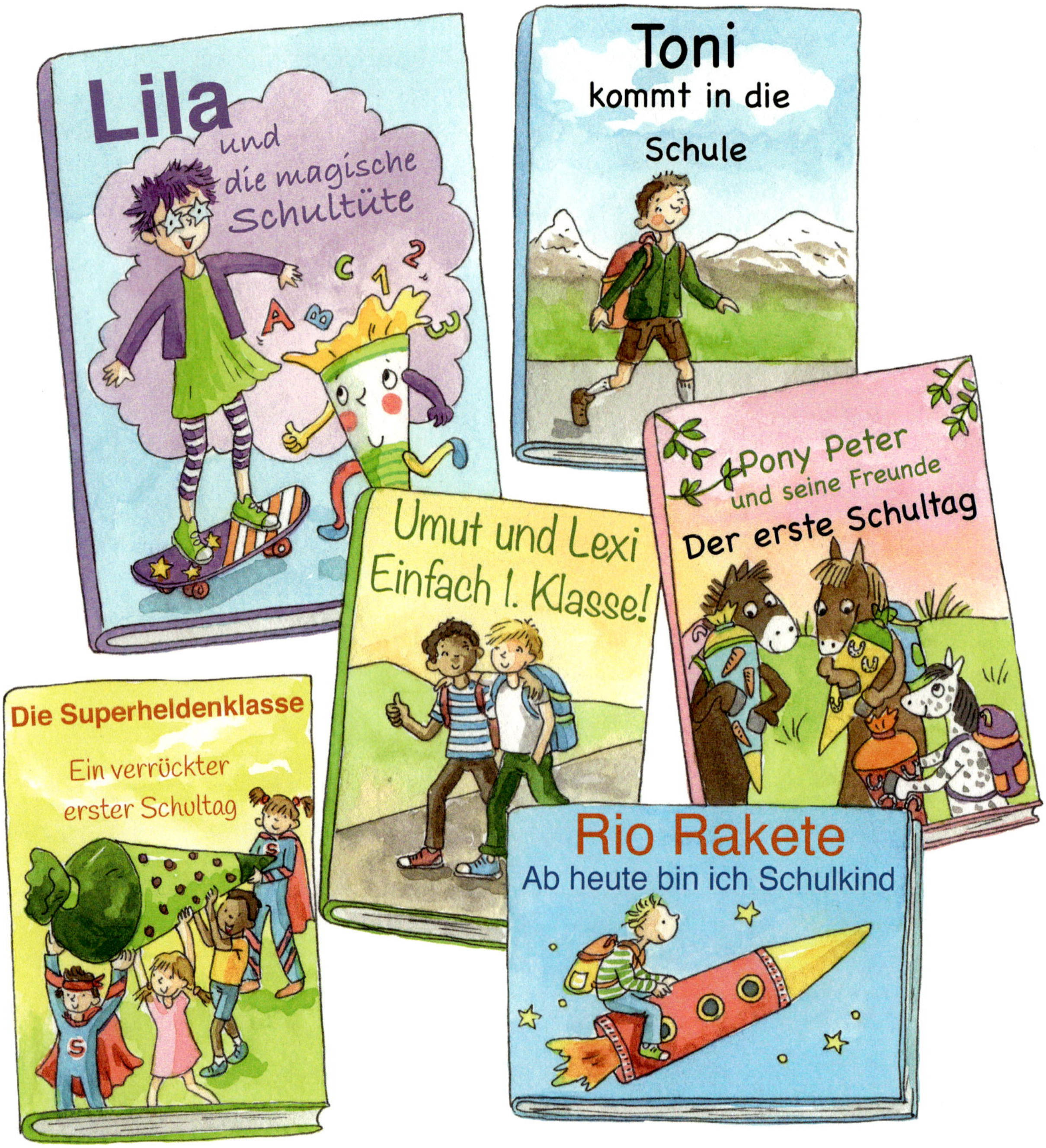

- MK ○ Welches Buchcover gefällt dir am besten? Beschreibe und begründe.
- MK ◒ Lass dir die Titel vorlesen. Worum geht es wohl in den Büchern? Erzähle.
- MK ● Kennst du noch mehr Bücher, Hörspiele, Fernsehsendungen zum Thema Schule/Schulanfang? Erzähle.

Medien

Zum Vorlesen und Zuhören!

Lilas erster Schultag

Das ist Lila. Lila ist lustig.

Lila lacht.

Lila liebt Rollen.

Lila will lernen.

Lila will lesen.

Lila hat eine Schultüte.

Lila liebt Lollis.

Doch was ist das?

Lilas Lolli zaubert.

- ○ Worum geht es in diesem Buch? Erzähle mit eigenen Worten.
- ◐ Haben deine Vermutungen zum Cover gestimmt? Begründe.
- ● Wie könnte die Geschichte weitergehen? Erzähle. Lass dir Tipps geben. Was war gut? Was kannst du noch verbessern?

Ich und meine Familie
🔊 Alle malen zusammen

- Was malen die Kinder? Lies und beschreibe. Was malst du gern? Erzähle.
- Was benutzen die Kinder zum Malen? Erkläre.
- Hast du schon einmal am Computer gezeichnet? Wie geht das? Beschreibe.

Alle malen.

Mia malt Oma.

Leo malt am Tablet.

Mama kommt mit einem Album.

Im Album sind Fotos von Leos Familie.

Wer gehört alles dazu?

Und wie ist das bei dir?

Meine Familie → S. 28

Hurra!

Oma ist da.

Opa ist da.

Pepe ist da.

Pepe ist Opas Papagei.

Mama ruft: Oh, Pepe!

Pepe an der Lampe,

Pepe auf der Palme ...

Tiere raten

Welches Tier sollte dich besuchen?
Spiele vor. Die anderen raten.

Und welchem Tier würdest du nicht die Tür öffnen?

Leo schaukelt mit Opa im Schiff.
Mama kauft Herzen.
Omi holt Lose.
Oma und Mia sammeln Lose mit Punkten. 
Toll, Mia! Gewonnen!

Ein Herz gestalten und beschriften → S. 29

Schneide ein Herz aus Karton aus und gestalte es.

Beschrifte dein Herz. Du kannst dazu deine Lauttabelle nutzen.

S s

"Lass es, Leo!"
"Salami?"
"Leo, lass los!"
"Lass los!"

Alle sind am See.
Opa erzählt:
Auf diesem See bin ich als Kind gerudert.
Lisas Papa segelt lieber.
Und was würdest du am See machen?

Wörter aufbauen

S
Sa
Sal
Sala
Salam
Salami

Kannst du das Wort auch wieder abbauen?

Vokale sind besondere Laute

○ ❶ Haben Leo, Lea und Ele die Lautkreise richtig gelegt?
Nimm deine Lauttabelle zur Hilfe und erkläre.

◐ ❷ Lege oder zeichne passende blaue und gelbe Lautkreise.

| Mami | Papa | Ali | Ella | Mia | Oma | Pepe |

Mit der Lauttabelle Wörter schreiben

Ich möchte  schreiben.

Zuerst spreche ich das Wort deutlich und höre jeden einzelnen Laut ab:

Dazu kann ich auch meine Lauttabelle benutzen.

1

2

Für jeden Laut lege ich einen Lautkreis.

Ich suche für jeden Laut den passenden Buchstaben auf der Lauttabelle und schreibe ihn auf. Meine Lautkreise helfen mir, nichts zu vergessen.

3

4

① Schreibe die Wörter mit deiner Lauttabelle:

Mediennutzung in unserer Familie

- Welche Medien entdeckst du auf dem Bild? Zähle auf.
- Wofür werden die Medien genutzt? Beschreibe und erkläre.
- Gibt es in deiner Familie Regeln für die Mediennutzung? Erzähle und begründe.

Medien

Lisas Familienkalender: Was machen wir in der Freizeit?

	Mama	Papa	Lisa	Silas
Mo	Yoga		Reiten	Kino mit Olli
Di		Segeln		
Mi	Oma anrufen		Treffen mit Leo	Computerclub
Do	Konzert		Lesenacht in der Schule	
Fr	Spiele-Nachmittag mit Lea			
Sa	Familien-Fernsehabend			
So	Radtour mit Oma und Opa			

○ Was haben Lisa und ihre Familie in dieser Woche in ihrer Freizeit vor? Beschreibe.
◐ Was hast du vor? Erzähle, male oder schreibe.
● Wann nutzen Lisa und ihre Familie Medien in ihrer Freizeit? Beschreibe.

Einfach fantastisch

🔊 **Fantastische Nasen**

Leo und Nele lesen mit Oma im Sessel.
Leo und Nele lesen:
Pinos Nase.

Pinos Nase

Das ist Pino.

Pino ist aus Holz.

Aber er wird lebendig.

Er kann sprechen.

Oh, Pino lügt!

Seine Nase wird

länger und länger …

○ Warum wird Pinos Nase länger und länger? Erklärt.
◐ Male dich oder ein Tier mit einer lustigen Nase. Schreibe dazu: … mit … Nase
● Das Märchen von Pino(cchio) kommt aus Italien. Welche Märchen kennst du noch? Erzähle.

Leo und Nele malen:

1 Ina mit Eles Nase

2 Mimi mit Pinos Nase

3 Oma mit Leos Nase

4 Leo mit Inas Nase

Silben kennenlernen → S. 40

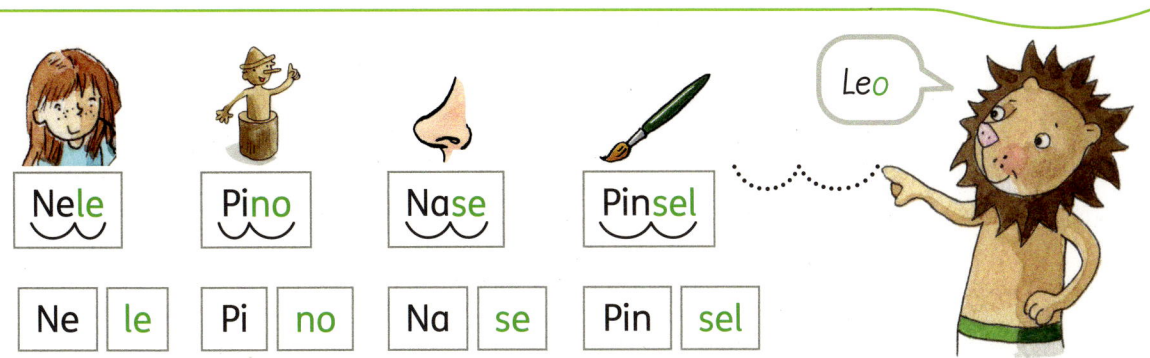

🔊 In unserer Fantasie

Leos Insel im See ist toll.
Leo pinselt Anitas alten Mast lila an.

Anton sammelt mit Tante Tina Tomaten.
O, Tante Tinas Tomate ist so seltsam ...

○ Was stellen sich die Kinder bei ihrer Fantasiereise vor? Beschreibe.
◐ Hast du schon einmal eine Fantasiereise/Traumreise gemacht? Wie geht das? Erkläre.
● Male ein Bild zum Thema Fantasie. Schreibe dazu.

Lea ist im All.

Leas Raumschiff landet auf Planet Tolo 6.

Auf Tolo 6 wohnt Toto.

Toto redet aber lustig …

Kannst du ihn verstehen?

In jeder Silbe klingt ein Vokal → S. 41

Wie viele Silben? Wie viele Vokale?
Zähle bei jedem Wort. Vergleiche.

Ele hüpft von Vokal zu Vokal. Probiere es aus.

🔊 Mutig oder …?

Leo ist mit Ella und Luis im 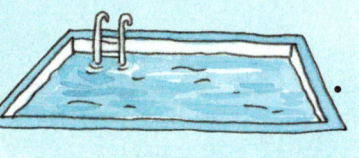.
Nun soll Leo …

Los, Leo, los!
Mit allem Mut, Leo!

Uiiii,
soll Leo nun …?

○ Wie fühlt sich Leo wohl? Beschreibe. Benenne die Gefühle.
◐ Hast du so etwas auch schon einmal erlebt? Wann brauchst du Mut? Erzähle.
● Wäre es auch mutig von Leo, nicht zu springen? Überlege und begründe.

Leo ist oben auf dem Turm.

Der Turm ist so hoch!

Alles sieht so klein aus.

Alles ist so weit weg.

Nun braucht Leo Mut …

Einen Mutmach-Stein gestalten

Wir sind die Mut-Monsterchen. Angst und Sorgen knabbern wir ganz einfach weg.

🔊 So viele Hüte

Papa hat 🎀 am Hut. Papa hat Mut!
Leo hat 🇩🇪🇮🇹🏳️ am Helm. Toll, Leo!
Mama hat 🌸 am Hut. Olala, Mama!
Mia hat 🍃 am Hut. Hui, Mia!
Und Mimis Hut?
Mia holt Mimis tollen Hut mit 🐭🐭.

○ Welchen Hut möchtest du tragen? Beschreibe und begründe.
◐ Falte einen Papierhut. Bemale, beschrifte oder beklebe ihn. Spielt eine Hutmodenschau.
● Welchen Hut soll Löwe Leo tragen? Male und schreibe.

 H h

Leo und Mia haben mit Mama und Papa alte Hüte neu gestaltet.

Nun machen sie eine Hutmodenschau.

Sie tanzen.

Sie lachen: Mein Hut ist ein Hit!

Sie singen: Mein Hut, der hat drei Ecken ...

Ein Lied mit Bewegungen

Mein Hut, der hat drei Ecken,
drei Ecken hat mein Hut.
Und hätt' er nicht drei Ecken,
so wär's auch nicht mein Hut.

bei **mein**:

bei **drei**:

bei **Hut**:

bei **Ecken**:

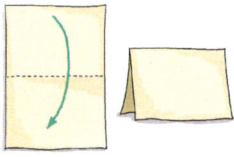
1
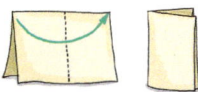
2

3

4

5

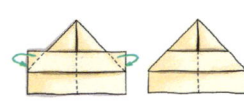
6

7

8

9

Wörter haben Silben

○ ❶ Schwinge die Wörter. Wie viele Silben haben sie?

Mit Silben üben

○ ❷ Wie üben Leo und Ele? Beschreibe.

◐ ❸ Kannst du die Aufgaben lösen? Schwinge und erkläre.

Methoden

In jeder Silbe klingt ein Vokal

*Schau auf die gelben Lautkreise: In **jeder** Silbe klingt ein **Vokal**.*

🌱 **1** Lies die Wörter. Lege für jeden Laut einen Lautkreis.
Denke an den gelben Lautkreis für jeden Vokal.

 Salat    Pepe   Amsel

 Mama   Pilot   Tante

Richtigschreiben mit der Silbe

*Ich schreibe das Wort.
Ich zeichne Silbenbögen.*

*Ich markiere die Vokale gelb.
Ich prüfe: Ist in **jeder** Silbe ein Vokal?*

 2 Übe wie Krok. Schreibe:

3 Kontrolliere und berichtige Fehler.

🔊 Eine Geschichte weitererzählen

Kobold Karli feiert Geburtstag
Karli ist ein kleiner grüner Kobold.
Er wohnt in einer gemütlichen Höhle,
tief versteckt im alten Eichenwald.
Heute hat Karli Geburtstag.
Er wird 358 Jahre alt.
Für einen Kobold ist das ziemlich jung!
Karli möchte ein großes Fest im Wald feiern.
Alle seine Freunde sind eingeladen:
Nanni, die Nachteule, Hans Hase,
der unheimliche Schlupp
und die unschlagbare Tante Müffi natürlich auch.
Pünktlich um vier sitzen die Gäste um den gedeckten Tisch …

Nanni Nachteule möchte Karli als Erste ihr Geschenk überreichen. Doch …

Kobold Karli bringt gerade
die riesige Blaubeertorte. Plötzlich …

Doch ein Gast fehlt noch. Es ist …

○ Was plant Kobold Karli? Warum? Erzähle zur Geschichte. Vergleiche auch mit den Bildern.
◐ Lass dir die farbig gedruckten Streifen vorlesen. Was gefällt dir? Wo möchtest du weitererzählen?
● Habt ihr eine eigene Idee, wie es weitergehen könnte? 👥

Medien

So kannst du eine Geschichte weitererzählen:

- Welche Personen oder Tiere kommen vor?

- Wo spielt die Geschichte?

- Wie geht die Geschichte aus?

○ Was siehst du auf den Bildern? Beschreibe.
◐ Warum passen die Bilder mit ✓ gut zur Geschichte, warum die anderen mit ✗ nicht? Begründe.
● Schreibe die Geschichte zu Ende. Du kannst auch dazu malen. Lass dir Tipps geben: Was war gut? Was kannst du noch verbessern?

43

Ungeheure Abenteuer
🔊 Ritter

Torooo! Alarm!
Rasmus hat Mimi!

Halt, Rasmus!
Lass Mimi los!
Alle Ritter rasen hinter Rasmus her.
Leo rast mit Roller Rosso.
Lea trommelt: ram tam tam!
Lasst uns Mimi retten!

○ Was passiert mit Mimi? Erzähle die ganze Geschichte. Achte auf die Reihenfolge.
◔ Als was verkleidest du dich gern? Was ziehst du dann an? Beschreibe und begründe.
● Wie könnte die Geschichte weitergehen? Erzähle, male oder schreibe. Lass dir Tipps geben: Was war gut? Was kannst du noch verbessern?

R r

Nanu, was ist das?

Rasmus umarmt Mimi in seiner Höhle.

Mimi schnurrt. Lea und Leo haben sich geirrt:

Rasmus und Mimi sind Freunde.

Geräusche und Lautmalerei

rrrrrrrrrrrrrrrrrrr   sssssssssss   fffffffffffff

Kannst du noch mehr solche Geräusche machen?

45

Ben träumt im Bett

Ben ist im Bett.
Na**nu**!
Bens Bett rum**pelt**
und bebt …

Ben ist im Bal**lon**.
Er hebt ab.

Ben ist im Bob.
Bens Bob rast he**run**ter.
Ben ist als Ers**ter** un**ten**.

Ben ist im Boot.

○ Wovon träumt Ben? Beschreibe. Warum träumt er wohl von diesen Dingen? Begründe.
◐ Was hast du schon einmal geträumt? Wie hast du dich dabei/danach gefühlt? Erzähle.
● In welches Ding mit B/b könnte sich Bens Bett im Traum noch verwandeln? Male und schreibe.

B b

Ben ist ganz oben im Baum.

Überall grüne Blätter!

Da raschelt es auf einmal ...

Ah, es ist nur ein Affe.

Er gibt Ben eine Banane ab.

B oder P?

Probiere es aus. Was passiert bei D und T? Und bei G und K?

🔊 Eine Maus in Momos Haus!

rrrrrrrrau-rrrrrrrrau

Hallo, Momo!
Maus im Haus!

tippel
rappel
rassel

Es tippelt.
Es tappelt.
Es rappelt.
Es rasselt.
Es ist laut.

Miau!
Mmm ... Maus!

Momo miaut.
Und nun, Maus?
Hopp, hopp!
Maus saust raus.
Aus!

○ Erzeugt laute und leise Geräusche. Ratet mit geschlossenen Augen.
◐ Tippeln, trippeln, rappeln, tappeln, rasseln – wie klingt das mit Instrumenten? Probiere aus.
● Bist du auch schon einmal an etwas vorbeigeschlichen? Warum? Erzähle.

 Au au

Momo staunt:

Nanu? Wo ist nun die leckere Maus?

Momo wartet vor dem Loch der Maus.

Und die Maus?

Ha!

Die Maus zieht aus!

Reime lesen und abschreiben → S. 54

Lies. Welche Reime kennst du noch?

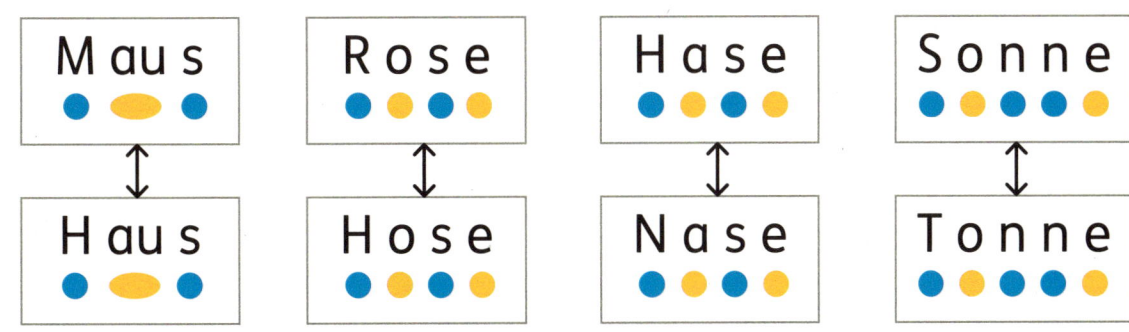

✎ Schreibe die Wörter ab. Kontrolliere und verbessere Fehler.

🔊 Die Gorilla-Bande

Lea grinst.
Genial!
Alle Gorillas sollen in Gretas Garten.

Leas Gorilla-Pass:

○ Wer sind die Gorillas? Beschreibe und erkläre.
◒ Zu welcher Bande möchtest du am liebsten gehören? Was erlebt ihr? Erzähle.
● Gestalte einen Pass für deine Bande. Wie heißt ihr? Was ist euer Erkennungszeichen?

G g

Zu den Gorillas gehören:

Leo, Olga, Emil, Lea und Greta.

Zur Begrüßung trommeln sich alle auf die Brust –

wie richtige Gorillas: uh, uh, uh, uh, uh!

Das Treffen ist geheim.

Alle sind gespannt.

Welches Abenteuer wartet?

Einladungen

An Luis!
Ich werde sieben.
Kommst du morgen um vier Uhr
zu meinem Fest?

Deine Olga

Die Grundschule macht
einen Flohmarkt.
Alle sind eingeladen!
Kommt am Samstag
auf den Schulhof!
Um drei Uhr geht es los.

Was ist wichtig bei einer Einladung? Was muss alles drinstehen?

🔊 Fifi ist fort

Frau Falter ist traurig:
Fifi ist fort.

Fifi! Fifi! Fifi!
rufen Lea und Frau Falter.
Frau Falter hat sogar
Fifis Futter mitgenommen!
Aber Fifi ist fort.

Nun holt Lea alle Gorillas.
Und alle Gorillas helfen mit.

○ Spielt Verstecken. Sucht allein, zu zweit, zu dritt …
◐ Wie war das Suchen? Wie fühlt es sich im Versteck an? Wie ist das Entdecken? Vergleicht.
● Was könnte Frau Falter noch tun, um Fifi zu finden? Überlege und erkläre.

F f

Lea und Leo nehmen ein Foto von Fifi mit.

Emil und Greta fragen jeden:

Haben Sie Fifi gesehen? Fifi ist entlaufen!

Auf einmal hören die Kinder: wau, wau, wau!

Fifi tobt mit seiner Freundin Flocke in einem Hof.

Fifi! Du Ausreißer!

Frau Falter ist so froh.

Sie kauft allen Gorillas ein Eis.

Meine wichtigen Wörter → S. 55

Wichtige Wörter können zum Beispiel besonders schöne, besonders schwere oder neu gelernte Wörter sein.

Welche Wörter hast du neu gelernt?
Schreibe sie auf Karten.

Wörter abschreiben

1 Lies das Wort, das du abschreiben willst.
Sprich deutlich und in Silben.

2 Decke das Wort ab.
Stelle dir das Wort vor.

3 Schreibe das Wort Buchstabe für Buchstabe auf.
Sprich dabei mit.

4 Zeichne Silbenbögen.
Markiere die Vokale gelb.

5 Kontrolliere und verbessere Fehler.

① Schreibe die Wörter mit den Abschreib-Tipps ab.

| Sonne | Elefant | Nashorn | Ritter | Garten | Maus |

Methoden

Eine Wörterkartei anlegen

1

Schreibe das Wort auf eine kleine Karteikarte.
Denke dabei an die Abschreib-Tipps.
Schreibe ordentlich.

2

Sammle deine Karteikarten
in einem Kasten.

3

Zu welchem Thema hast du
Wörter gesammelt? Überlege.
Beschrifte eine farbige Karte.

Genau lesen

*Lies ganz genau.
Diese Wörter unterscheiden sich
nur durch einen Buchstaben.*

Hose	rasen	lesen	Nase	Haus
↕	↕	↕	↕	↕
Hase	raten	legen	Name	Haut

Ungeheure Abenteuer mit Ritter Trenk

Zum Vorlesen und Zuhören!

„Ich gehe in die Stadt!", flüsterte Trenk.
„Und Ferkelchen nehme ich mit!
Das wäre ja noch schöner, wenn der Herr Ritter
unser Ferkelchen essen würde!"

Mia-Mina wurde plötzlich ganz aufgeregt.
„Ganz alleine?", fragte sie.
„Du ganz alleine, Trenk?
Hast du denn gar keine Angst,
dass der gefährliche Drache dich unterwegs auffrisst?"

Denn von dem gefährlichen Drachen,
der sich in den Wäldern der Umgebung herumtrieb
und aus seinen Nüstern Feuer spie,
dass der Qualm hoch auf bis zum Himmel stieg,
war zu der Zeit viel die Rede.

„Pah!", sagte Trenk,
obwohl er einen Schrecken bekam.
An den gefährlichen Drachen hatte er
nämlich noch gar nicht gedacht.
„Der soll sich mal trauen …!"

Kirsten Boie

- Was hat Ritter Trenk vor? Wovor warnt Mia-Mina ihn? Erzähle.
- Wie wird die Geschichte wohl weitergehen? Überlege und erzähle. Lass dir Tipps geben: Was war gut? Was kannst du noch verbessern?
- Abenteuer sind spannend – was findest du spannend? Wie fühlt sich das an? Beschreibe.

Medien

Die Abenteuer von Ritter Trenk kannst du auch nachlesen, anschauen oder als Hörspiel hören:

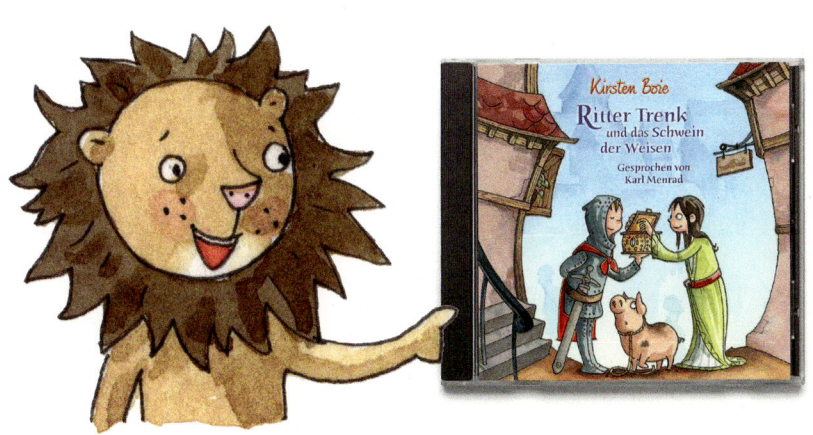
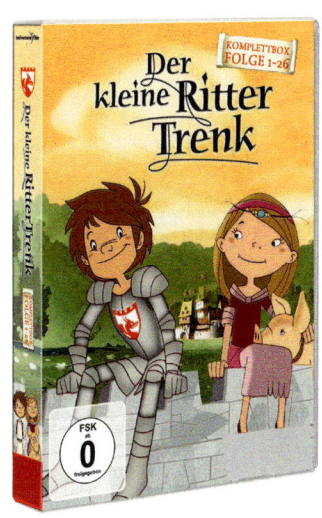

- Welches Cover gefällt dir? Was gefällt dir nicht so gut? Beschreibe und begründe.
- Was würdest du auswählen: Buch, Hörspiel, Serie oder Film? Begründe.
- Was ist jeweils das Besondere an einem Buch, Hörspiel, Serie oder Film? Erkläre.

Das will ich wissen
🔊 Wale

Blauwal

Pottwal

Glattwal

Grauwal

Narwal

Finnwal

Wale atmen Luft.
Wale halten es bis zu 2 Stunden
unter Wasser aus.
Wale leben gern in Gruppen.
Im Winter wollen Wale
in warmes Wasser.

○ Was weißt du schon über Wale? Was erfährst du hier? Fasse zusammen.
◐ Was möchtet ihr noch über Wale wissen? Malt und schreibt zu euren Fragen.
● Findet Antworten in Sachbüchern, Zeitschriften, Lexika oder im Internet. Erzählt.

Wale sind keine Fische.

Sie brauchen Luft zum Atmen.

Deshalb müssen Wale immer wieder auftauchen.

Der Blauwal ist der größte Wal.

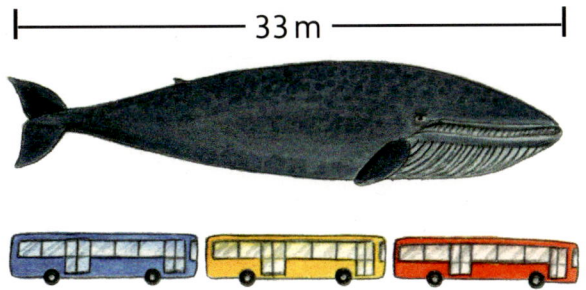

Sein Herz ist so groß wie ein kleines Auto.

Zusammengesetzte Wal-Wörter

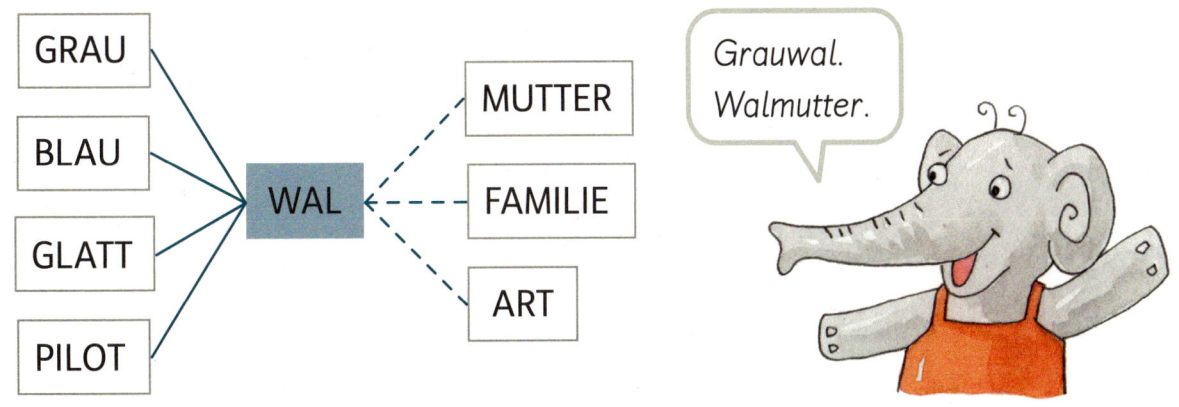

Bilde Wal-Wörter. Schreibe sie auf. Findest du noch mehr?

So viele Eier

Lea will wissen: Wer legt alles Eier?

Und wohin?

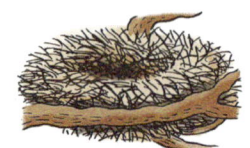  

Eier im Nest?   Eier im Eis?   Eier unter Wasser?

Im Internet gibt es Antworten auf Leas Fragen:

- ○ Welche Tiere kennst du, die Eier legen? Zähle auf.
- ◐ Wo legen die Tiere ihre Eier ab? Recherchiere. Male und beschreibe.
- ● Welche Tiere legen keine Eier? Recherchiere. Male und schreibe.

 Ei ei

Die Vogelmutter legt Eier ins Nest.

Die Vogeleltern müssen die Eier warm halten.

Das nennt man brüten.

Bald schlüpfen die Küken.

Nun müssen die Eltern viel Futter suchen!

Nur der Kuckuck baut kein eigenes Nest.

Er legt seine Eier in fremde Nester.

Wortbaustein  → S. 68

Bilde Wörter mit dem Wortbaustein  .
Sprich deutlich. Welchen Laut hörst du am Ende?

Emil weiß alles über Dinos.

Im letzten Sommer war er mit seinen Eltern

in einem Museum.

Dort hat Emil auch die Knochen

von einem riesigen Dino gesehen.

Davon will Emil den Kindern morgen erzählen.

Ein Dino-Leporello

Du brauchst: ein Blatt Papier DIN A4 ⬜ , eine Schere ✂.

1. Falte das Papier einmal waagerecht in der Mitte.

2. Schneide entlang der Faltlinie

3. Falte den Papierstreifen so:

4. Die erste Seite ist das Deckblatt.

5. Suche dir einen Dino aus.
   Schreibe oder male auf jede Seite zu deinem Dino.

🔊 Kreisel und Raketen

In Frau Karls Kiste sind Kreisel und Raketen.
Leo und Lea wollen gern einen Kreisel.
Lisa und Emil finden Raketen besser.

Leo und Lea kreiseln Kreisel.

Aus 🌀 werden 🎯.

Ui, aus 🔵 und  🟡 wird 🟢.

Lisa und Emil pusten mit einem Halm Luft in Raketen.

○ Kreisel oder Rakete – was würdest du nehmen? Begründe.
◐ Bastle Kreisel mit verschiedenen Mustern. Was beobachtest du beim Kreiseln? Beschreibe.
● Baue selbst eine Rakete, die fliegen kann. Schreibe und zeichne einen Bauplan. Stelle deine Rakete vor. Lass dir Tipps geben: Was war gut? Was kannst du noch verbessern?

 K k

So baust du einen eigenen Kreisel:

Bemale einen Kreis aus Pappe.

Überlege dabei: Was soll dein Kreisel zeigen,

wenn er sich dreht?

Welche Farben oder Muster brauchst du dafür?

Stecke nun ein Holz-Stäbchen durch den Mittelpunkt.

Los geht die Kreiselei!

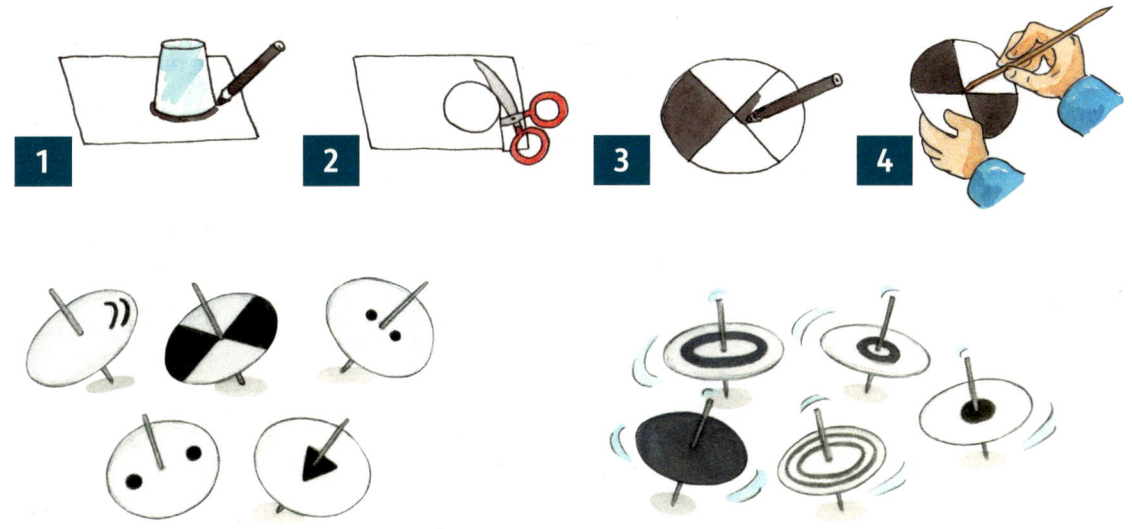

Wörter mit -el und -en → S. 69

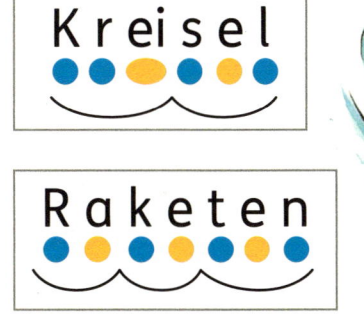

Sprich die Wörter mit den Endungen el *und* en. *Das* e *in der letzten Silbe kannst du nicht gut heraushören.*

🔊 Tolle Tricks mit Wasser

Trick 1

Das ist das Material:

1. Gib Wasser hinein.

2. Lege das trockene  unten in das Glas.

3. Drehe nun das Glas um und presse es mit Druck ins Wasser.
Pass auf –
halte das Glas gerade!

> Wo Luft ist,
> kann kein Wasser sein!

○ Beschreibe die Tricks mit deinen eigenen Worten. Achte auf die Reihenfolge.
◐ Probiert die Tricks in Partnerarbeit aus. Beschreibt euch eure Erfahrungen.
● Dokumentiert die Durchführung der Tricks mit einer Kamera oder mit dem Handy.

Trick 2

Das ist das Material:

1. Gib Wasser in die Schüssel.

2. Zeichne eine Blume auf das Papier und schreibe eine Botschaft in die Mitte.

3. Schneide die Blume aus und knicke die Blätter nach innen.

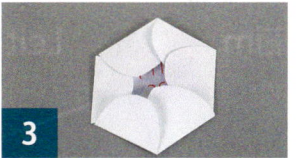

4. Lege deine Blume vorsichtig auf das Wasser. Was passiert nun?

Wie klingt der Vokal? → S. 69

Sprich deutlich und höre genau auf den Klang des Vokals ●.

Trick

Richtigschreiben mit dem Wortbaustein er

Roller – beim Sprechen klingt die Endung fast wie a.

Beim Richtigschreiben hilft dir der Wortbaustein er: Roll er. Den Wortbaustein schreibst du immer gleich.

1 Bilde Wörter mit dem Wortbaustein er. Schreibe sie in dein Heft.

Eim   Leit   Wint   Mal   Fed

Flüssiger lesen

Diese Wörter kommen häufig vor. Ich erkenne sie auf einen Blick und kann sie blitzschnell lesen.

2 Lies die Wörter zügig und flüssig. Übe, bis du es kannst. Das geht auch abwechselnd mit einem Partner.

mit und der wir das hat am uns als bis du ein so sind

Methoden

Wörter mit den Endungen -el und -en

*Das **e** in den Endungen el und en kannst du fast gar nicht hören: Besen, Schaufel.*

*Beim Schreiben helfen dir die Silben, das **e** nicht zu vergessen. In jeder Silbe klingt ein Vokal:*
Besen   Schaufel

1 Schreibe die Wörter in dein Heft. Markiere die Vokale gelb.

Tafel   Garten   Ampel   Socken   Mantel   Faden

Kurze Vokale vor -ck

Vor ck klingt der Vokal kurz:
dick   packen

2 Schreibe die Wörter in dein Heft. Markiere die Vokale gelb. Zeichne einen Punkt unter den kurzen Vokal.

Trick   Sack   Fleck   Bock   Lack   Blick

MK Informationen finden

Wann hat Hilde die Eier gelegt?

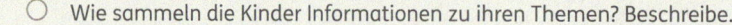

- Wie sammeln die Kinder Informationen zu ihren Themen? Beschreibe.
- MK Wie sammelst du Informationen? Welche Medien nutzt du? Erzähle.
- MK Welche Vor- und Nachteile haben die Medien bei der Informationssuche? Begründe.

Medien

○ Was machen die Kinder in der Bibliothek? Beschreibe.
⊖ Warst du schon einmal in einer Bibliothek? Erzähle.
● Wie solltest du dich in einer Bibliothek verhalten? Warum? Überlege und begründe.

Zusammen Sachen machen

🔊 **Sieben liebe Briefe**

Aus un**s**erem Kla**ss**en-Brief**k**a**s**ten:

Klassen-Briefkasten

Lie**b**er Luis,
die**s**er Brief
soll dir sa**g**en:
Du bist mein
bes**t**er Kum**p**el.
Dein Leo

Lie**b**e Lea,
du kannst so toll ma**l**en.
Malst du mir ein Bild?
Ot**t**o

An Frau Karl:
Wir ha**b**en Sie gern.
Kla**ss**e 1a

Ha**ll**o Sa**m**ira,
wo**ll**en wir uns
in der Pau**s**e
wie**d**er auf der
Wie**s**e tre**ff**en?
Deine Ne**l**e

LISA GRETA
BEN
LEA ELLA
ALI SAMIRA
LEO OTTO
EMIL NELE ANTON
OLGA LUIS

○ Warum sind das „sieben liebe Briefe"? Beschreibe und erkläre.
◐ Hast du schon einmal einen Brief bekommen? Von wem? Was stand darin? Erzähle.
● Wozu dient ein Klassenbriefkasten? Welche Regeln sollte es dafür geben?

 -ie

Lieber Emil,
du kennst dich toll
mit Dinosauriern aus!
Du kannst auch gut erklären.
Ich habe viel von dir gelernt.

Dein Anton

Grüß Gott, GRETA!
Ich möchte gern einmal
nachmittags mit dir spielen.
Ich kann immer am Dienstag
und am Donnerstag.
Alles Liebe
ELLA

Hallo Olga,
ich möchte mich wieder mit dir vertragen.
Es tut mir leid, was ich gestern gesagt habe.

Tschüss, Ben

Nomen ▲ und Artikel ▲ kennenlernen → S. 84

 *Diese Wörter haben am Wortanfang einen Großbuchstaben.*

*Sie können **der**, **die** oder **das** als Begleiter haben.*

 ▲ Brief    ▲ Wiese   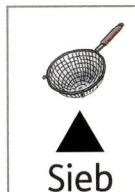 ▲ Sieb

👓 die sie nie Sieb Dieb lieb

Unser Zirkus-Tag

Die Klasse 1a plant einen Zirkus-Tag.
Die Kinder haben einige Fragen.
Sie wollen ein Zirkus-Zelt aufbauen.
Aber woraus sollen sie es bauen?

Emil will zaubern.
Aber woher soll er
etwas bekommen,
das er aus seinem Hut
zaubern kann?

Anton und Luis wollen
zu zweit einen Trick
als Zebra zeigen.
Aber wie bastelt man
ein ganzes Zebra?

○ Was haben die Kinder vor? Beschreibe.
◐ Die Kinder haben viele Fragen. Was wäre deine Antwort? Beschreibe deine Lösung.
● Direktorin/Direktor – welche Berufe kennt ihr noch? Schreibt die Bezeichnung für Frau und Mann auf.

Samira und Ali wollen einen Tanz vorführen. Aber woher sollen sie die passende Tanzmusik nehmen?

Leo möchte der Zirkus-Direktor sein.
Lea möchte die Zirkus-Direktorin sein.
Wie können sie sich einigen?

Marc Chagall: Der Zirkus (1964)

Was kannst du erkennen?
Gefällt dir das Bild? Warum, warum nicht? Begründe.

🔊 **Witze erzählen**

Am Abend saust Fritz mit dem Dreirad
im Kinderzimmer herum.
Papa ruft:
Fritz, du musst ins Bett!
Fritz antwortet:
Mein Dreirad findet aber
leider keinen Parkplatz!

Wie kann man erkennen,
wo bei einem Regenwurm
der Mund ist?
Man kitzelt den Wurm in der Mitte
und guckt, wo er grinst.

○ Erzählst du selbst gerne Witze? Warum, warum nicht? Begründe.
◐ Kennst du weitere Witze? Erzähle, frage andere oder recherchiere in Büchern/im Internet.
● Lerne einen Witz auswendig. Erzähle ihn daheim. Wer hat alles gelacht?

 -tz

Was macht eine Wolke, wenn es sie juckt?

Sie fliegt zu einem Wolkenkratzer.

Zwei Läuse sitzen auf einer Glatze.

Da sagt die eine Laus traurig:

„Früher konnte man hier noch prima

Verstecken spielen."

„Meine Katze kann

ihren eigenen Namen sagen!"

„Wie heißt sie denn?"

„Miau."

Wie klingt der Vokal?

Sprich deutlich und höre genau auf den Klang des Vokals.

 Witz

 Katze

 Platz

 sitzen

 Blitz

Ich kenne vier Wörter mit -tz: ...   → S. 85

🔊 Ich will nicht!

Lea soll rechnen.

Opa soll kochen.

Pippo soll lachen.

- Wer will was nicht? Lies und beschreibe mit eigenen Worten.
- Wen würdest du am liebsten unterstützen: Lea, Opa, Pippo oder Drago? Warum? Begründe.
- Wann ist es wichtig, laut „Nein, ich will nicht!" zu sagen. Warum? Sammelt Tipps und schreibt sie auf.

 -ch

Drache Drago soll fauchen.

Ich will nicht!

Was kann man da machen?

Sollen die Kinder den Drachen ärgern,

damit er laut faucht?

Oder sollen sie ihn leicht

an seinem Drachenbauch kitzeln?

Ali und Lisa haben eine echt gute Idee.

Los, Drago!
Wir fauchen
einfach zusammen!

Zwei verschiedene Klänge

Sprich die Wörter deutlich. Wie klingt **ch**? Ordne zu.
Tippe mit dem Finger auf den passenden farbigen Kasten.

| **ch** klingt wie bei Mil**ch** | **ch** klingt wie bei Bu**ch** |

Dach

Ku**ch**en

Koch

Lo**ch**er

ich dich nicht mich sich

König Gegenteil

Es war einmal ein König,
der sagte immer das Gegenteil.

Wenn er seinen Minister loben wollte,
rief er: Das ist aber ein blöder Einfall!

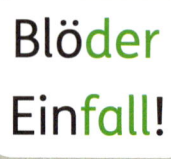 

Blöder Einfall!

Wenn er Lust auf Torte hatte,
rief er: Ich möchte saure Gurken!

Wenn er einen Suppenlöffel brauchte,
rief er: Ich benötige eine Gabel!

Wenn es dem König
zu laut wurde,
rief er: Hier ist es aber leise!
Nun wird gegrölt!

○ Was müsste der König eigentlich sagen? Findet passende Sätze.
◐ Wie fühlt sich wohl der König, wenn er immer das Gegenteil sagt? Erzähle und begründe.
● Was könnte König Gegenteil noch alles sagen? Erfinde eigene Gegenteilsätze. Schreibe sie auf.

Schon bald gab es ein großes Durcheinander im Schloss:

Alle Minister waren beleidigt,

weil der König ihre guten Vorschläge blöd genannt hatte.

Überall im Schloss herrschte fürchterlicher Krach,

denn der König ermunterte alle zu schreien.

In der Schlossküche verdarb die Torte,

weil der König stets nach sauren Gurken rief.

Und der König selbst wurde immer dünner,

weil er seine Suppe mit der Gabel essen musste.

Doch dann hatte er eine Idee: Ob er lernen konnte,

das **Gegenteil vom Gegenteil** zu sagen?

Lustige Sätze würfeln

Würfle und lies. Bei ⚃ darfst du auswählen, was dir gefällt.

1. Wurf	2. Wurf	3. Wurf
⚀ Leo	⚀ flötet	⚀ in der Badewanne.
⚁ Oma	⚁ sitzt	⚁ auf dem Sofa.
⚂ Lea	⚂ tanzt	⚂ im Kinderzimmer.
⚃ Papa	⚃ liegt	⚃ im Bett.
⚄ Opa	⚄ grillt	⚄ im Garten.

🔊 Ein gesundes Frühstück

Die Klasse 1a möchte zusammen frühstücken.
Nun überlegen alle,
was sie zum Frühstück essen wollen.
Lea sagt:
Ich mag Müsli mit Nüssen.
Das findet Lisa nun gar nicht lecker.
Aber Lisa isst morgens gern Früchte.
Otto ruft:
Nur kein Obst! Lieber Gemüse!
Oh nein, Gemüse, flüstert Olga …

○ Was isst du gern zum Frühstück? Erzähle.
◐ Was gehört zu einem gesunden Frühstück? Warum? Überlege. Male oder schreibe.
● Was wollt ihr frühstücken? Überlegt gemeinsam. Macht eine Strichliste.

 Ü ü

Wie können sich die Kinder einigen?

Frau Karl macht einen Vorschlag:

„Wir machen eine Strichliste.

Dann besorgen wir die fünf Dinge,

die die meisten Kinder zum Frühstück mögen."

Was wird es in der Klasse 1a beim Klassenfrühstück geben?

Das Dehnungs-h kennenlernen → S. 85

Lies die Wörter. Sprich deutlich und höre genau.

 Ich weiß, was zu einem gesunden Frühstück gehört.

Nomen ▲ und Artikel ▲

- 1 Schreibe die Nomen von oben mit Artikel in dein Heft.

- 2 Male die Zeichen für Nomen und Artikel über die Wörter in deinem Heft.

Methoden

Ein Lerntagebuch führen

In mein Lerntagebuch schreibe ich alles, was ich neu lerne, interessant finde und nicht vergessen möchte.

Tagebucheintrag vom 02.05.
Thema: Wörter mit -tz

Das habe ich gelernt:
Ich kenne vier Wörter mit -tz:
▲ ▲ ▲
Witz, Katze, Platz, sitzen

1 Führe ein Lerntagebuch.
Lege einen Ordner an und gestalte das Deckblatt.

Das Dehnungs-h kennenlernen

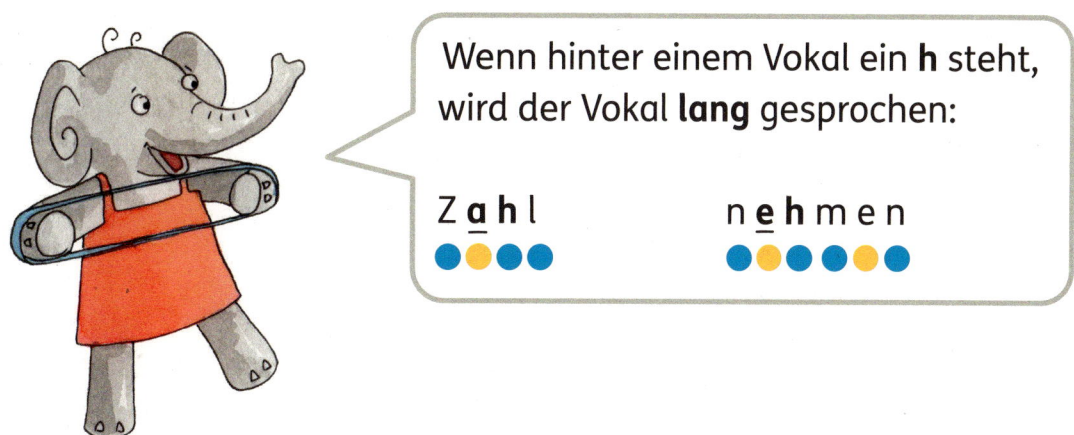

Wenn hinter einem Vokal ein **h** steht, wird der Vokal **lang** gesprochen:

Z a h l   n e h m e n
● ● ● ●   ● ● ● ● ● ●

2 Schreibe die Wörter in dein Heft. Markiere die Vokale gelb.
Zeichne einen Strich unter den langen Vokal.

| Zahl | Möhre | wohnen | nehmen | Fahrrad | ihm |

Ein Gedicht lernen

Der Zirkus

1. Gestern kam der Zirkus an
mit einem bunten Zelt.
Tiere, Musiker, Artisten
aus der ganzen Welt.

2. Herein, herein, so soll es sein!
Ich kaufe eine Karte.
In der ersten Reihe dann
sitze ich und warte.

3. Menschen, Tiere und Musik,
kunterbunter Glitzer,
Trab, Galopp und lauter Knall
und Kostümbesitzer.

4. Ganz am Ende des Programms
kommt der letzte Tanz.
Beim Applaus zum Abschluss haben
alle Augen Glanz.

Sarah Jakob

1. Lies das Gedicht leise.
   Frage nach, wenn du etwas nicht verstanden hast.

2. Erzähle, worum es in dem Gedicht geht.
   Male zu wichtigen Wörtern.

3. Lies das Gedicht mehrmals laut,
   bis du es flüssig vorlesen kannst.

4. Lies nun eine Zeile betont vor und decke sie ab.
   Sage die Zeile auswendig auf.
   Lerne so das ganze Gedicht auswendig.

○ Worum geht es in dem Zirkus-Gedicht? Erzähle.
◐ Wie lernst du am besten ein Gedicht auswendig? Beschreibe mit eigenen Worten.
● Was kann noch dabei helfen, ein Gedicht auswendigzulernen? Sammelt Tipps. Schreibt sie auf.

Medien

MK Ein Gedicht vortragen, aufnehmen und anhören

Diese Tipps helfen dir bei deinem Gedichtvortrag:

1. Stehe gerade und ruhig.
2. Schaue deine Zuhörer an.
3. Warte, bis alle leise sind.
4. Nenne zuerst den Titel und den Autor des Gedichts.
5. Trage das Gedicht Zeile für Zeile vor. Deine gemalten Bilder helfen dir.
6. Achtung:
   Sprich langsam!
   Sprich laut!
   Sprich deutlich!
7. Du kannst das Gedicht auch mit einem Handy aufnehmen.

Der Zirkus

Toll! Du veränderst deine Stimme.

Mein Tipp: Sprich langsamer.

○ Wie kannst du ein Gedicht gut auswendig vortragen? Worauf musst du achten? Beschreibe.
◐ MK Trage das Gedicht „Der Zirkus" vor. Nimm deinen Vortrag mit dem Handy auf.
● MK Warum kann es hilfreich sein, ein Gedicht aufzunehmen? Überlege und erkläre.

Tiere
🔊 Alles über Schnecken

Auf dem Weg zur Schule
hat Leo eine Schnecke gefunden.
Nun will er sie
den Kindern in seiner Klasse zeigen.
Oh, schade, nichts zu sehen!
Die Schnecke ist in ihr Haus gekrochen.

Nicht schlimm, sagt Frau Karl.
Wir schauen erst einmal
ein Buch über Schnecken an.

Schnecken
Es gibt Nacktschnecken
ohne Haus und Schnecken
mit Schneckenhaus.
Schnecken bilden Schleim.
Auf dem Schleim
können sie kriechen.
Bei Gefahr
ziehen sich Schnecken
in ihr Haus zurück.

○ Hast du schon einmal eine Schnecke gefunden? Mit oder ohne Haus? Erzähle.
◐ Was könnt ihr noch über Schnecken herausfinden? Nutzt verschiedene Medien.
● Schneide eine Schnecke aus Papier aus. Schreibe hinein, was du nun über sie weißt.

Sch sch

Steckbrief Bänderschnecke

Aussehen: braune, gelbe, rote oder schwarze Bänder auf dem Gehäuse
Lebensraum: Hecke, Wiese, Wegränder, Wald
Verhalten: Sie kriechen im Winter in ihr Schneckenhaus und fallen in Winterstarre.
Besonderes: Bänderschnecken können bis zu 5 Jahre alt werden. Sie haben viele kleine Zähne auf der Zunge.

Plötzlich ruft Samira: „Schaut mal her!

Die Schnecke kommt aus ihrem Haus heraus!

Man sieht schon ihre kleinen Fühler."

„Du gehörst an die frische Luft, kleine Schnecke!",

sagt Frau Karl.

Lea und Anton tragen die Schnecke hinaus in den Schulgarten.

Alles Gute, kleine Schnecke!

Ein Schnecken-Gedicht

Zwei klitzekleine Schnecken
krochen durch die Hecken.

Dort trafen sie, oh Schreck,
auf einen dritten Schneck.

„Lieber Schneck, komm mit uns mit!
Am liebsten kriechen wir zu dritt."

Sagst du das Gedicht für uns auf?

schnell schön Schule Schaf Tisch Fisch

🔊 Lea wünscht sich einen Vogel

Lea hat am 6. April Geburtstag.
Sie wünscht sich einen Vogel.
Es soll ein Kanarienvogel sein.
Aber Mama und Papa sagen: NEIN.
Nun hat Lea einen Plan.

Am 1. April will sie so einen Vogel:

*Soll der Vogel etwa
in unserer Garage wohnen?
Nein, Lea!*

Am 2. April will sie so einen Vogel:

*Soll der Vogel etwa
im Kühlfach wohnen?
Nein, Lea!*

Am 3. April will sie so einen Vogel:

*Das ist gar kein Vogel!
Nein, Lea!*

○ Welchen Plan hat Lea? Hat der Plan funktioniert? Beschreibe und erkläre.
◐ Welches Haustier hast du? Welches Haustier möchtest du haben? Erzähle und begründe.
● Warum bedeuten Haustiere eine große Verantwortung für ihre Halter? Erkläre.

Am 4. April will Lea so einen Vogel:

Ein Hahn kräht morgens um vier und weckt uns! Nein, Lea!

Am 5. April will Lea so einen Vogel:

Am 6. April hat Lea Geburtstag.

Auf sie wartet eine große Überraschung …

Ein Buchstabe, zwei verschiedene Klänge

Sprich die Wörter deutlich. Wie klingt **V** oder **v**? Ordne zu.
Tippe mit dem Finger auf den passenden farbigen Kasten.

V/v klingt wie bei **V**ase	**V/v** klingt wie bei **V**ogel

Vater

Veilchen

Lokomotive

Vulkan

brav

voll

Video

 von vor vom voll vier viel

91

Eulen und andere Tiere

Neun Eulen
Neun Eulen heulten.
Neun Eulen heulten neulich.
Neun Eulen heulten neulich
in Opa Eugens Scheune.

Ein Salamander
Ein Feuer-Salamander
Ein scheuer Feuer-Salamander
Ein scheuer Feuer-Salamander
        trifft neue Freunde.

- Lies die wachsenden Sätze. Wie sind sie aufgebaut? Beschreibe.
- Kennst du noch mehr Wörter mit Eu oder eu? Sprich sie deutlich.
- Bilde einen eigenen Treppensatz. Du kannst ihn auch aufschreiben und dazu malen.

 **Eu eu**

Das Känguru

Das Känguru kramt.

Das Känguru kramt seufzend.

Das Känguru kramt seufzend in seinem Beutel.

Das Känguru kramt seufzend in seinem Beutel nach seinem neuen Handy.

Das Wort „Eule" in anderen Sprachen

Kannst du die Wörter lesen und aussprechen?
Höre genau auf den Klang.
Warum wird die Eule in diesen Sprachen wohl so genannt?

 hibou
Frankreich

 bufo
Italien

 Eule

 búho
Spanien

 ruru
Neuseeland

 Ich kenne ein Wort für „Eule" in einer anderen Sprache.

Emil und der Jaguar

Emil hat eine Jahreskarte für den Zoo.
Jeden Monat besucht er Jebo, den Jaguar.
Jebo ist so ein schönes Tier!
Er schleicht geschmeidig
durch die Jaguar-Anlage.
Aber die Gitter um das Gehege
machen Emil traurig.
Jebo, möchtest du nicht lieber frei sein?

○ Was macht Emil traurig? Erkläre. Was erfährt Emil über den Jaguar? Erzähle.
◐ Was könnt ihr über den Jaguar herausfinden? Informiert euch in verschiedenen Medien.
● Was bedeutet Artenschutz? Warum ist Artenschutz nötig? Überlege.

Tierpfleger Josef erklärt:

„Jaguare sind vom Aussterben bedroht.

Das bedeutet, es gibt nur noch wenige Tiere,

die frei in der Wildnis leben.

Jebo kommt aus dem Regenwald.

Doch der Regenwald wird immer kleiner,

weil die Menschen ihn abholzen.

Hier im Zoo hat Jebo ein schönes, großes Gehege.

Wir geben ihm alles, was er braucht.

So schützen und erhalten wir Jebos Art."

Bald bekommt Jebo eine Freundin: Jenna.

Satzanfang und Punkt am Satzende → S. 98

Was ist in diesen drei Sätzen markiert? Warum?
Überlege und erkläre.

Emil hat eine Jahreskarte für den Zoo.

Jeden Monat besucht er Jebo, den Jaguar.

Aber die Gitter um das Gehege machen Emil traurig.

🔊 Tiere im Märchen

Frau Karl liest ein Märchen vor:
Im Teich lebte ein kleines Entlein.
Alle fanden es hässlich,
weil es nur graue Federn hatte.
Eines Tages wurde es
zu einem schönen Schwan.

Ali möchte lieber das Märchen
Rotkäppchen und der Wolf hören.
Olga wünscht sich
das Märchen mit dem Bären.
Der Bär ist nämlich
ein verzauberter Prinz.

- Bringt Märchenbücher und Märchen-CDs mit. Macht eine kleine Ausstellung.
- Denkt euch gemeinsam ein Tier-Märchen aus. Erzählt und malt.
- Jeder möchte ein anderes Märchen hören. Was nun? Welche Lösungen gibt es?

Nun erfinden die Kinder eigene Tier-Märchen.

Zuerst sammeln sie Wörter.

Tiere: Bär, Schwan, Rabe, Gänse …

Menschen: König, Prinzessin, Jäger, Hexe …

Orte: Schloss, Hexenhaus, Wald, Teich …

Gegenstände: Schatz, Käfig, Zauberhut, Krone …

Otto fängt an: „Es war einmal eine Prinzessin.

Sie besuchte jeden Tag einen Schwan im Schloss-Teich."

Lisa erzählt weiter: „Eines Tages kam ein großer Bär zum Teich.

Die Prinzessin erschrak …"

Offene und geschlossene Silben → S. 99

Ein Kind liest die Wörter deutlich vor,
ein anderes Kind schaut auf den Mund des lesenden Kindes.
Was passiert bei der ersten Silbe?

Großschreibung am Satzanfang, Satzzeichen Punkt

*Ein **Satz** besteht meistens aus mehreren Wörtern. Am Ende steht oft ein **Punkt**.*

In unserem Zoo lebt ein Jaguar.

Sein Name ist Jebo.

Er hat ein schönes Gehege.

Jebo bekommt oft Besuch von Emil.

***Satzanfänge** schreibst du groß.
Das bedeutet:
Das erste Wort in jedem Satz
hat einen **großen Anfangsbuchstaben**.*

1 Schreibe die vier Sätze von oben in dein Heft.
Markiere die Punkte und den Großbuchstaben am Satzanfang.

Methoden

Offene und geschlossene Silben

Tas – te, Tan – ne
Nach dem *Vokal* in der ersten Silbe kommt ein Konsonant.
Der Mund geht beim Sprechen schneller wieder zu.

*Die erste Silbe ist **geschlossen**.*
*Der Vokal ist **kurz**:*
Taste, Tanne

Ta – fel.
Nach dem *Vokal* kommt in der ersten Silbe kein Konsonant mehr.
Der Mund bleibt beim Sprechen länger offen.

*Die erste Silbe ist **offen**.*
*Der Vokal ist **lang**:*
Tafel.

  1 Probiert es mit diesen Wörtern aus:

| Kino – Kiste | Sofa – Sonne | Meter – Messer | Tube – Tunnel |

So funktioniert die Computer-Tastatur

Du willst einen Großbuchstaben tippen?
→ Halte die Taste ⇧ gedrückt und tippe deinen Buchstaben.
   Er erscheint als Großbuchstabe.

Du willst einen Abstand zwischen deinen Wörtern machen?
→ Tippe auf die Taste [   ]. Ein Leerzeichen erscheint.

Du willst am Satzende einen Punkt setzen?
→ Tippe auf die Taste [.].
   Für einen Doppelpunkt (:) halte auch noch
   die Großschreibetaste ⇧ gedrückt.

Du willst in einer neuen Zeile weiterschreiben?
→ Tippe auf die Taste ↵. Eine neue Zeile beginnt.

Du willst ein @-Zeichen für eine E-Mail-Adresse schreiben?
→ Tippe gleichzeitig auf die Taste [Alt Gr]
   und auf das @-Zeichen [Q@].

MK ○ Habt ihr schon einmal auf einer Tastatur geschrieben? Erzählt. 👁👁
MK ◐ Wie funktioniert das Schreiben auf der Tastatur? Beschreibt mit eigenen Worten. 👁👁
MK ● Finde heraus, wie man einen Tippfehler verbessert. Frage jemanden danach.

So forschst du sicher im Internet

So forschst du sicher im Internet:

1. Bitte einen Erwachsenen,
   mit dir gemeinsam im Internet zu recherchieren.

2. Lass dir von einem Erwachsenen
   eine eigene Startseite einrichten.

3. Finde ein treffendes Suchwort für deine Suche.
   Es können auch zwei oder drei Suchwörter sein.

4. Wähle eine geeignete Kinder-Internetseite aus.

5. Lies. Hast du genug erfahren? Sonst suche weiter.

6. Achtung: Manche Texte enthalten keine Informationen,
   sondern Werbung für ein Produkt!

- Hast du schon einmal im Internet geforscht? Erzähle.
- Welche Kinder-Internetseiten kennst du? Beschreibe.
- Warum sollst du zusammen mit einem Erwachsenen ins Internet gehen? Begründe.

Dies und das – mit Spiel und Spaß
Sport und Spiel

Lea sprintet und Emil rollt.
Wer wird gewinnen?
Es bleibt spannend
bis zum Schluss ...

Olga macht Spagat.
Ella möchte auch so gut
Spagat können wie Olga.
Leo ermahnt Ben:
„Spotte nicht! Probiere es
lieber selbst einmal!"

Ali und Nele wollen Weitwurf üben.
Frau Karl sperrt eine Wurfbahn ab.
Sicherheit geht vor!

○ Was machen die Kinder beim Sport? Beschreibe. Was machst du gern? Erzähle.
◐ Wie fühlt sich Ella, wenn Ben über sie spottet? Erkläre. Wie kannst du dich fair verhalten?
● „Sicherheit geht vor" – was bedeutet das? Worauf musst du beim Sport achten? Überlege.

Sp sp

Anton macht das Klettern besonderen Spaß.
Am liebsten möchte er gleich loslegen.
Doch die Schuhbänder an seinen neuen Sportschuhen
gehen immer wieder auf.
Und Anton kann noch keine
ordentliche Schleife binden ...
Spitze, dass Luis ihm hilft!

Am Ende der Sportstunde
erinnert Frau Karl die Sportler:
„Denkt alle daran, in der Pause etwas zu trinken!"

Wörter mit Sp und sp richtig schreiben → S. 112

*Sp*ort, *sp*urten – am Wortanfang höre ich schp.

Du schreibst die Wörter aber mit **Sp** oder **sp**.

 Ich weiß, wie ich mich beim Sport sicher und fair verhalten kann.

Total verhext!

Hexe Lexi ist verzweifelt:
Immer geht etwas schief bei der Hexerei!
Gestern wollte Lexi Kartoffeln mit Ei hexen
und heraus kamen Pantoffeln mit Brei.
Igitt!
Heute hat sie eine Rose mit Dorn versucht
und heraus kam eine Dose mit Horn.
Es ist total verhext!
Nun möchte Lexi
eine Schüssel mit Nudeln hexen.
Aber was wird dabei herauskommen?
Ein Schlüssel für Pudel?
Rüssel im Rudel?

○ Was möchte Lexi hexen? Was hat sie stattdessen gehext? Erzähle.
◐ Was hat Lexi beim Hexen falsch gemacht? Erkläre.
● Denke dir lustige Zaubersprüche aus und schreibe sie auf. Was hexen sie herbei? Male dazu.

X x

„Ob es an meinen Zaubersprüchen liegt?", überlegt Lexi.

„Vielleicht lese ich sie ja falsch herum?

Dann heißt es gar nicht IXIBAXO – OXALAXI,

sondern IXALAXO – OXABIXI!", ruft sie.

Und ZACK!

Schon schwebt eine Schüssel mit dampfenden Nudeln herbei.

Guten Appetit, Lexi!

Wörter mit X und x richtig schreiben → S. 112

Hexe Lexi – das **x** hört sich an wie ks.

Du hörst ks, schreibst aber **x**.

Hexe Nixe Taxi Boxer Mixer

🔊 Stifte und Farben

Oma hat Anton zehn Buntstifte gekauft.
Anton ist stolz auf seine neuen Stifte.
In der Malstunde malt er
ein tolles Bild damit:

Lea staunt. Sie stammelt:
„Aber Anton, das stimmt doch so nicht!
Die Sonne ist nicht grün, sondern gelb.
Der Himmel muss blau sein und nicht lila.
Eine Wiese ist nicht schwarz.
Und rosafarbene Birnen
habe ich auch noch nie gesehen."

○ Was hat Anton gemalt? Beschreibe. Warum staunt Lea? Erkläre.
◐ Gefällt dir Antons Bild? Warum, warum nicht? Begründe.
● Male ein eigenes Bild. Benutze deine Fantasie. Wem möchtest du es zeigen? Erzähle.

Anton ist ein bisschen traurig.

Warum gefällt Lea sein Bild nicht?

Da ruft Emil: „Ich finde dein Bild stark!

Du hast alles so gemalt,

wie du es in deiner Fantasie gesehen hast.

Das finde ich gut."

Anton strahlt.

Emil hat ihn verstanden.

Wörter mit St und st richtig schreiben → S. 112

🔊 Hüpfspiele

Heute darf jede Klasse ein Hüpfspiel
auf den Schulhof malen.
Die Klasse 1a malt *Himmel und Hölle* auf.

Bei diesem Spiel musst du
von einem Kästchen zum anderen hüpfen:
von der 1 zur 2, von der 2 zur 3 …

Vorher musst du einen Stein
in das richtige Feld werfen.
Du musst genau treffen
und darfst nicht pfuschen!

○ Welche Spiele spielst du gern in der Pause auf dem Schulhof? Erzähle.
◐ Wie funktioniert „Himmel und Hölle"? Beschreibe und probiere aus.
● Wie könnte Emil mitspielen, obwohl er nicht hüpfen kann? Findet Ideen.

 **Pf pf**

Das Hüpfspiel ist fast fertig.

Nele schreibt schon die Zahlen in die Kästchen.

Anton holt einen flachen Stein.

Da fallen plötzlich erste Tropfen vom Himmel.

Die Kreide verwischt auf dem Pflaster.

„Oh nein!", schimpft Emil.

Aber Greta hat eine Idee:

„In der nächsten Pause hüpfen wir einfach über die Pfützen."

Verben ● **kennenlernen** → S. 113

Was machen die Kinder in der Pause? Beschreibe.
Welche Wörter benutzt du dazu?

Ich kenne die Spielregeln für ein Hüpfspiel.

109

🔊 Wir spielen Quartett

In der Regenpause spielen Lea und Ali Quartett.
Lea quietscht fröhlich:
„Hurra, ich habe vier passende Monster!
Das ergibt ein Quartett."
„Das ist doch Quatsch", sagt Ali.
„Diese Karten gehören gar nicht zusammen."

○ Welche Kartenspiele hast du schon einmal gespielt? Mit wem? Erzähle.
◐ Woher weiß Ali, dass Leas vier Karten kein Quartett ergeben? Erkläre.
● Bringe ein Kartenspiel mit in die Schule. Erkläre die Regeln. Spielt gemeinsam.

# Qu qu

Beim Quartett gehören immer vier Karten zusammen.

Du erkennst sie an den Nummern oder Symbolen.

Das sind die Zeichen oben auf den Karten.

Um ein Quartett zusammenzustellen,

musst du deine Mitspieler nach passenden Karten fragen.

Ein fertiges Quartett aus vier passenden Karten

darfst du ablegen.

Gewinner ist, wer die meisten Karten ablegen konnte.

Quartett-Karten gibt es zu vielen verschiedenen Themen:

Rennautos, Aquariumsfische, Fußballspieler, Pflanzen …

Wörter mit Qu und qu richtig schreiben → S. 112

Quartett, Aquarium – das Qu/qu hört sich an wie kw.

Du hörst kw, schreibst aber Qu oder qu.

Wörter mit schwierigen Lauten richtig schreiben

*Manche Laute kannst du **nicht durch Hören** richtig aufschreiben. Du musst dir die Schreibung **merken**.*

Diese Laute schreibst du anders, als du sie hörst:
St/st – Stift,
Sp/sp – spielen,
Qu/qu – Quatsch,
X/x – Hexe.

Ich höre Scht und ks. Aber ich schreibe St und x.

Ich höre Schp und Kw. Aber ich schreibe Sp und Qu.

1 Schreibe die Wörter in dein Heft. Kreise **St/st**, **Sp/sp**, **qu**, **x** ein.

| Sport | spielen | Stift | stehen | quaken | Hexe |

Methoden

Verben 🔴

1. Schreibe die Verben in dein Heft.

   | rennen | toben | malen | lesen | rollen | klettern |

2. Male das Zeichen für Verben über die Wörter in deinem Heft.

113

MK **Einen Text mit verteilten Rollen lesen**

Hexe Lexi in der Klasse 1a

Hexe Lexi besucht die Kinder in der Schule.

Sie stellt ihren Flugbesen vor der Klasse ab

und klopft an die Tür: „Poch, poch!"

Frau Karl fragt streng: „Wer ist denn da?"

Lexi antwortet kichernd:

„Ich bin es, Hexe Lexi. Darf ich euch besuchen?"

Frau Karl freut sich: „Ja, gern. Komm herein!"

Emil ruft bittend: „Frau Karl, darf Lexi für uns hexen?"

Frau Karl ist einverstanden.

Sie fragt Lexi neugierig:

„Was kannst du denn besonders gut hexen?"

Emil flüstert Lexi leise zu:

„Lexi, ich habe da eine tolle Idee."

Lexi hört Emil gut zu. Sie lacht.

Dann ruft sie mit geheimnisvoller Stimme:

„IXALAXO – OXABIXI!"

Und **schwupps** steht an der Tafel:

Heute gibt es keine Hausaufgaben!

○ Was passiert heute in der Klasse 1a? Gib den Text mit eigenen Worten wieder.
◐ Was sollte Hexe Lexi hexen, wenn sie dich in deiner Klasse besucht? Schreibe.
● Die Personen sprechen *streng, kichernd, flüsternd, geheimnisvoll*. Wie klingt das? Probiert aus.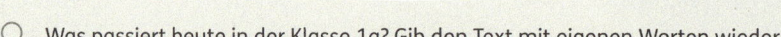

Medien

So lest ihr einen Text mit verteilten Rollen

1. Lies den Text.
Frage nach, wenn du etwas nicht verstehst.

2. Verteilt die Rollen.
Welche Rollen gibt es?
Wer möchte sie übernehmen?

> Hexe Lexi: Lea
> Frau Karl: Samira
> Emil: Leo
> Erzähler: Ali

3. Übe deine Rolle.
Achte auf die richtige Betonung.
Du kannst auch deine Stimme verändern.

4. Übt den Text gemeinsam.
Ihr könnt den Text auch aufnehmen
und euch anhören.

Lies leise bei den anderen mit. Dann weißt du immer, wann du dran bist.

5. Gebt euch Tipps.
Was hat gut funktioniert?
Was könnt ihr noch verbessern?

Mir gefällt, dass ...

Ich finde gut, dass du ...

Ich schlage vor ...

Beim nächsten Mal könntest du ...

○ Welche Rolle möchtest du gern lesen? Begründe.
◐ Welche Betonung passt zu welcher Rolle? Warum? Probiere aus und begründe.
● Wie könnt ihr euch einigen, wenn mehrere Kinder dieselbe Rolle lesen wollen? Überlegt.

So fern und doch so nah
🔊 **Eine Ausstellung**

Leo und Opa lesen Zeitung.
Da ruft Leo aufgeregt: „Opa, schau mal!"
Er zeigt auf eine Ankündigung in der Zeitung:

Eröffnung der neuen Ausstellung im Bürgerhaus

Am kommenden Samstag wird die Ausstellung
„Spielzeuge aus aller Welt" in unserem Bürgerhaus eröffnet.
Um 14 Uhr spricht Bürgermeisterin Angela Huber.
Danach sind die Räume der Ausstellung zugänglich
für Besucherinnen und Besucher.
Für Kinder von 6 bis 12 Jahren gibt es um 16 Uhr
eine Kinder-Führung.

○ Was ist dein Lieblingsspielzeug? Erzähle, male oder schreibe.
◐ Hast du schon einmal eine Ausstellung besucht? Zu welchem Thema? Erzähle.
● Woher kommen wohl die Spielzeuge auf den Bildern? Woran hast du das erkannt? Erkläre.

 -ng

Opa sagt: „Das klingt ja spannend.
Da können wir sicher eine Menge lernen."
Dann überlegt er lange:
„Was spielen wohl alle Kinder dieser Welt gern?
Was wird in anderen Ländern
anders sein als bei uns?"

Hast du eine Vermutung?

Wörter mit -ng und Wörter mit -nk

Sprich die Wörter deutlich. Vergleiche den Klang.

-ng ↔	-nk
Angel	Anker
bringen	trinken

-ng ↔	-nk
Engel	Enkel
lang	Bank

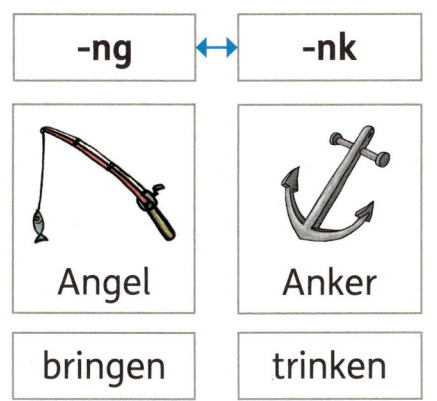

Schreibe vier Wörter für deine Lernwörterkartei.

🔊 Fußball überall

Auf der ganzen Welt
spielen Kinder Fußball.
Denn Tore schießen macht allen Spaß.
Dabei muss der Fußball
nicht immer aus weißem Leder sein
oder aus einem Laden kommen.
Fußbälle gibt es auch aus
Plastiktüten, Stoff und Stroh.

Das Buch „Das Spiel" erzählt
von Fußball spielenden Kindern
auf einer Insel in der Karibik.

○ Spielst du auch gern Fußball? Warum? Warum nicht? Erzähle und begründe.
◐ *Ein spannendes Fußballspiel:* erzähle, male oder schreibe. Lass dir Tipps geben: Was war gut? Was kannst du noch verbessern?
● Aus welchen Materialien kann man Fußbälle herstellen? Sammelt Ideen und probiert aus.

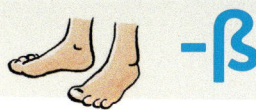

Bei dem Fußballspiel kommt plötzlich Regen auf.

Der Boden wird matschig. Aber die Kinder spielen weiter:

**Schuhe ausziehen. Socken ausziehen.
Los! Lauf. Links, rechts. Kick. Spring.
Hoppla!**

Ou byen? **Bist du okay?**
Mwen byen. **Ich bin okay.**

**Es hört auf zu regnen.
Die Sonne guckt hervor.
Ein letzter Vorstoß.
Dribbeln, drehen ...
TOOOOOOOOOOOOOOOOR!
Abklatschen.
Fauststoßen.
Anspringen.**

Baptiste Paul

Vorsilben kennenlernen → S. 126

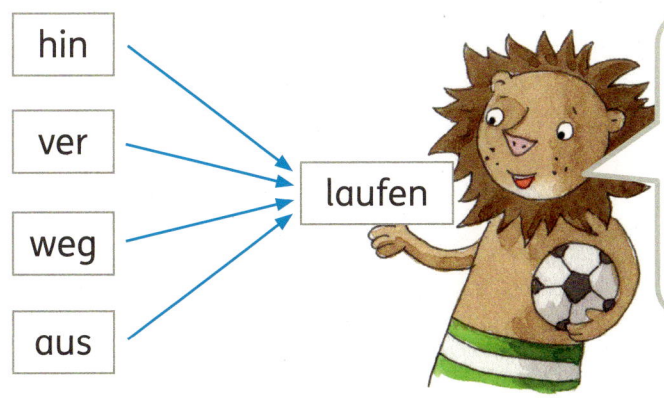

hin
ver
weg
aus
→ laufen

Vor das Wort laufen kannst du verschiedene **Silben** setzen. Wie verändert sich die Bedeutung? Was ist der Unterschied zwischen **ver**laufen, **weg**laufen, **aus**laufen ...?

heiß weiß süß groß Fuß Kloß

🔊 In der Pyramide

Leos Tante hat Leo eine Postkarte aus dem Urlaub geschickt.

Lieber Leo!
Alles Liebe aus Ägypten.
Gestern habe ich die Pyramiden besucht. An den Wänden waren viele Hieroglyphen.
Findest du heraus, was das ist?

Bis bald, deine Tante Suse

An
Leo R
Germany

Leo überlegt: Eine Pyramide ist ein Grab für einen König im alten Ägypten. Aber was sind bloß Hieroglyphen?

Mama hilft Leo. Sie erklärt:

„Hieroglyphen sind Schriftzeichen aus dem alten Ägypten.

Lass uns im Internet nachschauen, wie sie ausgesehen haben."

○ Hast du auch schon einmal eine Postkarte verschickt? Von wo und an wen? Erzähle.
◐ Was weißt du über Ägypten? Was möchtest du noch wissen? Erzähle oder schreibe.
● Was sind Hieroglyphen? Recherchiere in verschiedenen Medien. Beschreibe.

Y y

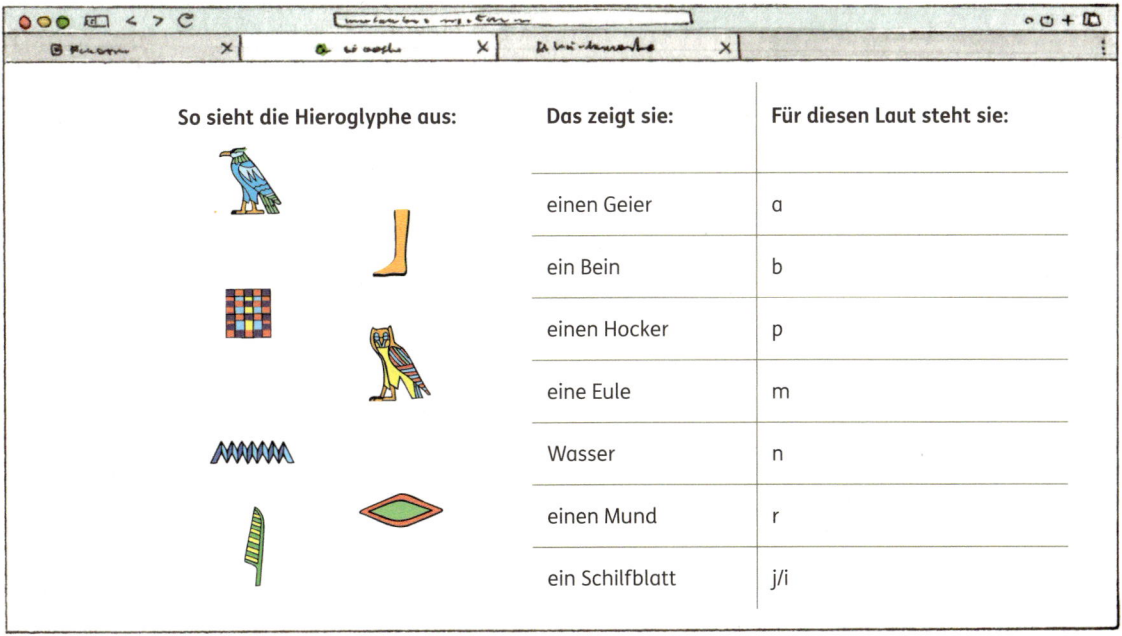

Ein Buchstabe, drei verschiedene Klänge

Sprich die Wörter deutlich. Wie klingt **Y** oder **y**? Ordne zu.
Tippe mit dem Finger auf den passenden farbigen Kasten.

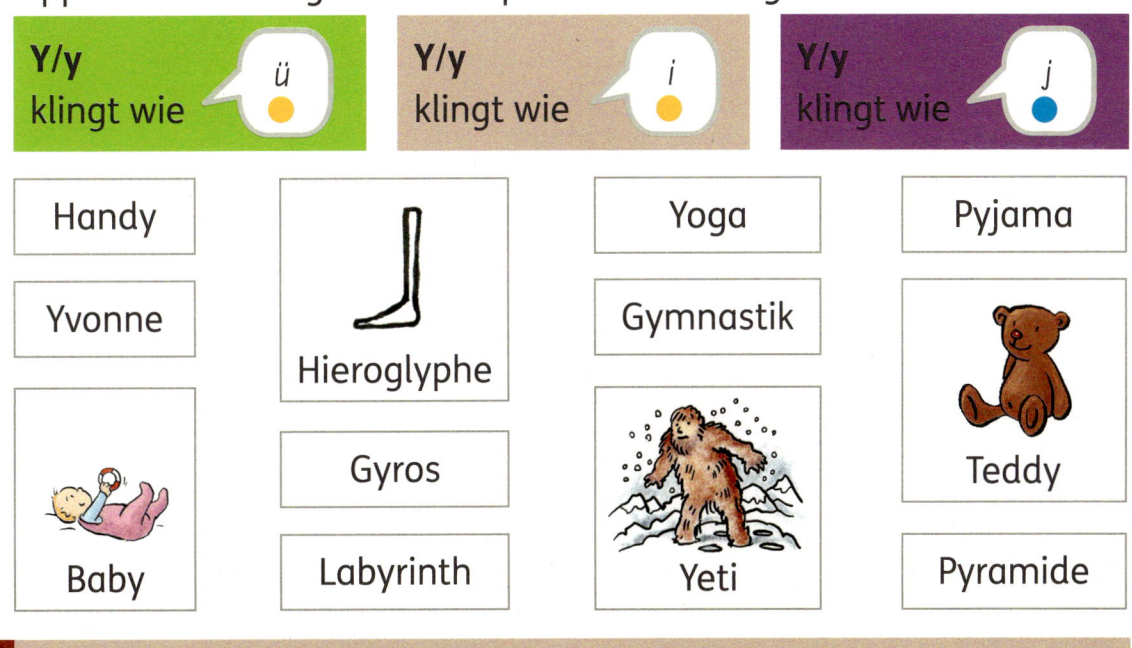

Ich weiß etwas über Pyramiden und Hieroglyphen.

🔊 Im Land meiner Träume

Im Land meiner Träume
sind alle Häuser kunterbunt.
Alle Menschen sind
fröhlich und lachen oft.

Leo

Im Land meiner Träume
hat unsere Wohnung
zwei Räume mehr:
für jedes Kind ein eigenes Zimmer.
Das wünsche ich mir schon lange.
Ich hätte dann auch ein Hochbett.

Nele

Im Land meiner Träume
sind die Dinos
noch lebendig.
Ich arbeite dort
als Dino-Forscher.

Emil

Im letzten Urlaub war ich
in der Türkei.
Es war herrlich warm.
Ich habe mich
am Strand gebräunt.
Das Essen hat auch
super geschmeckt.
Seitdem ist die Türkei
das Land meiner Träume.

○ Was haben die Kinder hier aufgeschrieben? Warum? Erkläre und erzähle.
◐ Was oder wie ist für dich das Land deiner Träume? Beschreibe.
● Schreibe und male zu deinem Traumland. Stellt euch eure Ergebnisse vor.

 -äu

Im Land mei**ner** Tr**äu**me sind al**le** nett zu**ei**nan**der**.
Kei**ner** strei**tet**.
Das wä**re** schön.
Sa**mi**ra

Im Land meiner Träume wachsen Fruchtlutscher auf den Bäumen. Jeden Tag darf man einmal davon naschen. Wenn ein Baum leergepflückt ist, muss man ihn mit Saft gießen. Dann wachsen die Lutscher nach.

Otto

Im Land mei**ner** Tr**äu**me gibt es kei**ne** Gren**zen** und Z**äu**ne.
Al**le** sind zu**sam**men.
O**lga**

Wörter mit au und äu → S. 127

Lies die Wörter. Vergleiche. Was fällt dir auf?

ein H**au**s — viele H**äu**ser
ein B**au**m — viele B**äu**me
ein Tr**au**m — viele Tr**äu**me

🔊 Couscous, Curry und Calzone

- Was gibt es alles auf dem Schlemmermarkt? Was würdest du gern essen? Erzähle.
- Wie wird der Couscous-Salat *Tabouleh* gemacht? Beschreibe mit eigenen Worten.
- Woher kommen die Gerichte? Forsche nach. Kannst du sie alle aussprechen?

Der Schlemmermarkt war eine Idee der Klasse 1a.

Die Kinder haben viele Ideen für leckere Gerichte gesammelt:

- Curry mit Gemüse
- Crêpes mit Schokocreme
- Cappuccino
- Couscous als Beilage
- Calzone mit Pilzen
- Cannelloni mit Hackfleisch

Tabouleh – ein Couscoussalat aus Ägypten

Zutaten für 2 Personen:

125 g Couscous
1 halbe Gurke
2 Esslöffel Limettensaft
1 Teelöffel Honig
frische Minze, Petersilie
Salz, Pfeffer

1. Couscous zubereiten.

2. Gurke schälen und kleinschneiden.

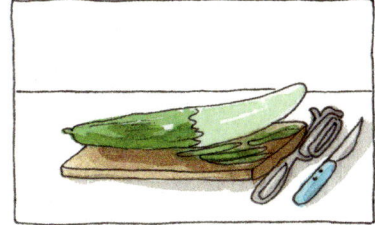

3. Kräuter waschen und kleinschneiden.

4. Limettensaft und Honig zum Couscous geben.

5. Gurken und Kräuter unterheben.

6. Mit Salz und Pfeffer abschmecken.

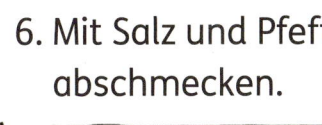

Du kannst auch noch Tomatenstücke in den Salat geben.

Wortbausteine: Vorsilben

*Ich baue ein neues Wort mit der Vorsilbe **vor**: **vor**sagen.*

Jetzt bedeutet das Wort ja etwas ganz anderes, nämlich: jemandem die Lösung sagen …

*Eine Vorsilbe kann die **Bedeutung** eines Wortes verändern.
malen: **aus**malen, **ver**malen
reißen: **ab**reißen, **zer**reißen*

*Ich weiß einen guten Trick: Vorsilben schreibst du **immer gleich**. Merke dir deshalb gut, wie sie geschrieben werden:
ver vor ab zer an …*

❶ Bilde Sätze mit den Verben aus den Sprechblasen. Achte auf die neue Bedeutung durch die Vorsilbe.

❷ Schreibe für deine Lernwörterkartei fünf Verben mit Vorsilben auf Karteikarten.

Wörter mit au und äu, Wörter mit a und ä

*Schau mal, Ele!
H**au**s schreibe ich mit **au**.
H**äu**ser schreibe ich mit **äu**.
Das **au** ist bei H**äu**ser
zum **äu** geworden!*

*Stimmt, Leo!
Bei B**au**m – B**äu**me und
Z**au**n – Z**äu**ne ist es genauso.*

Haus - Häuser
Baum - Bäume
Zaun - Zäune

*Wenn ich das Wort mit **au** kenne,
kann ich das Wort mit **äu** richtig schreiben.
Das klappt auch bei
Hand – Hände, Ball – Bälle.*

Hand - Hände
Ball - Bälle

❶ Schreibe für deine Lernwörterkartei fünf Wortpaare mit **au** und **äu** auf Karteikarten.

MK Einen Minivortrag vorbereiten

Wähle ein Thema:
Worüber möchtest du erzählen?
Finde passende Informationen
in Büchern, Lexika, im Internet
oder befrage Experten.

Schreibe wichtige Stichwörter auf.
Du kannst auch dazu malen.

Finde passende Bilder.
Es können auch Gegenstände sein.
Du kannst sie während
deines Vortrages zeigen.

Übe deinen Minivortrag.
Probe erst allein und dann
vor Publikum.

○ Zu welchem Thema würdest du gern einen Minivortrag halten? Erzähle.
◐ Wo findest du geeignete Informationen zu deinem Thema? Wer kann helfen? Überlege.
● Welche Themen eignen sich besonders für einen Vortrag? Welche nicht? Begründe.

MK **Einen Minivortrag halten**

*Ich stehe gerade und aufrecht.
Ich schaue mein Publikum an.
Ich spreche langsam
und deutlich.
Ich beantworte Fragen
erst nach meinem Vortrag.*

*Toll!
Du hast deinen Vortrag
gut geübt.*

*Du hast laut
und deutlich gesprochen.
Ich konnte dich gut verstehen.*

*Du hast oft
auf den Boden geguckt.
Mein Tipp:
Schau dein Publikum an.*

○ Wie bereitest du am Vortragstag deinen Minivortrag in der Klasse vor? Erkläre.
◐ Welche Regeln für das Präsentieren musst du beachten? Beschreibe.
● Warum sollte beim Feedback immer erst Gelungenes besprochen werden? Begründe.

Lesetechnik und Lesetexte
🔊 Zusammen lesen

Toll! Wir lesen zusammen: 👥.

Um einen Text gut zu verstehen, musst du ihn flüssig lesen können. Lass uns trainieren!

Finde eine Partnerin oder einen Partner:
Ein Kind ist der **Lesetrainer** oder die **Lesetrainerin**.
Ein Kind ist die **Lesesportlerin** oder der **Lesesportler**.

Lesetrainerin oder -trainer	**Lesesportler oder -sportlerin**
1. Mache dich bereit. Kannst du gut auf den Text schauen?	1. Mache dich bereit. Kannst du gut auf den Text schauen?
2. Gib das Startzeichen. Zähle langsam: eins, zwei, drei!	2. Beginne zu lesen, wenn der Trainer/die Trainerin bis drei gezählt hat.
3. Lies den Text halblaut zusammen mit dem Lesesportler/der Lesesportlerin. Führe deinen Finger beim Lesen mit. Passe dein Tempo an die Lesesportlerin/den Lesesportler an.	3. Lies den Text halblaut zusammen mit dem Lesetrainer/der Lesetrainerin.
4. Macht der Sportler/die Sportlerin einen Fehler? Sage STOPP. Lest den Satz zusammen von vorn.	4. Wenn du Schwierigkeiten hast, hilft dir die Trainerin/der Trainer weiter.
5. Bekommst du dieses Zeichen: 👍? Lies nur noch still mit den Augen mit.	5. Fühlst du dich sicher? Zeige den Daumen nach oben und lies allein weiter.
6. Lobe den Lesesportler/die Lesesportlerin.	

○ Welche Aufgaben haben Lesetrainer/Lesetrainerin und Lesesportler/Lesesportlerin? Lest und erklärt.
◐ Lest zusammen einen Text. Achtet auf die Schritte und Tipps.
● Warum ist es hilfreich, einen Text zusammen zu lesen? Überlegt und erklärt.

Methoden

Meine Tipps:
Lest den Text mindestens viermal zusammen.
Achtet auf:

Genauigkeit
Lest Wort für Wort genau. Ratet nicht.

Tempo
Lest flüssig.
Lest nicht zu schnell und nicht zu langsam.

Betonung
Lest betont.
Satzanfang und Satzende müssen hörbar sein.

Über einen Text sprechen
Sprecht gemeinsam über den gelesenen Text.

Was verrät dir die Überschrift?

Kennst du alle Wörter, die im Text vorkommen?

Was gefällt dir? Was gefällt dir nicht? Warum?

Gibt es Bilder? Was erzählen sie dir über den Text?

Worum geht es in dem Text?

Hinweis: Alle Texte auf den folgenden Leseseiten (132–149) sollen mit der hier eingeführten Partnerlesetechnik erlesen werden. Deshalb sind auch alle Aufgabenformulierungen im Plural gehalten im Sinne einer gemeinsamen Arbeit am erlesenen Text.

Gefühle

Ich bin ja so …

| wütend | erschrocken | glücklich |

| gelangweilt | neidisch | verliebt |

○ Wie fühlen sich die Wesen? Lest die Wörter und versucht, sie zuzuordnen.
◐ Wo und wie spürt ihr diese Gefühle im Körper, wie fühlen sie sich an? Beschreibt.
● Gestaltet jede/r ein eigenes Gefühlswesen mit Wachsmalstiften auf schwarzem Papier. Welches Gefühl stellt es dar?

🔊 **Heiße Wut**

Manche Sachen machen mich richtig wütend:
Wenn meine Schwester mich auslacht.
Oder wenn Otto sich vordrängelt.
Oder wenn Lisa mir etwas wegnimmt.
Wenn ich wütend werde, wird mir immer heißer.
In meinem Bauch ist ein richtiger Wut-Knoten.

Vorsicht! In der Wut kannst du etwas sagen oder tun,
das dir später leid tut.
Versuche erst, dich zu beruhigen, bevor du eine Lösung
für dein Problem suchst.

Ich gehe erst mal ein Stückchen weg und atme tief durch.

Mir hilft es, an etwas Schönes zu denken. Zum Beispiel an meine Katze.

Ich bitte jemanden um Unterstützung.

Ich zähle leise rückwärts: zehn, neun, acht, ... Das beruhigt mich.

Ich muss mich bewegen, um die Wut rauszulassen.

Das Wut-Thermometer

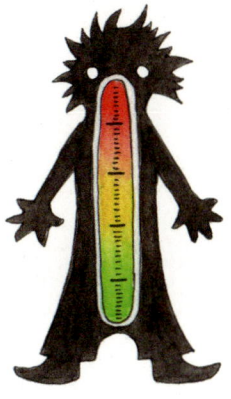

Achtung, ich bin richtig sauer!

Ich bin ziemlich aufgeregt und wütend.

Ich ärgere mich. Vorsicht!

Ich bin ruhig und aufmerksam.

Ich bin völlig entspannt und zufrieden.

Beschreibe das Wut-Thermometer.
Was macht dich wütend?
Was hilft dir dabei,
wieder ruhiger zu werden?

Guter Drache, böser Drache

Florian hat zwei große Drachen, die ihm helfen:

Am Morgen, wenn Florian durch den Park zum Kindergarten geht, füttert er seine Drachen.
GUTER DRACHE bekommt ein Stückchen Seife.
Das braucht er für die Seifenblasen.
BÖSER DRACHE bekommt ein Stück Kohle.
Das braucht er für die Flammen.
Die Seife und die Kohle sind unsichtbar.
Weil die Drachen auch unsichtbar sind.
Also, wirklich unsichtbar sind sie nicht. Florian sieht sie ja.
Nur alle anderen sehen sie nicht.
BÖSER DRACHE ist nicht wirklich böse.
Er tut nur so, wenn er Florian beschützen muss.
Zum Beispiel vor Lea.
Wenn Lea wütend ist, kratzt und zwickt sie, spuckt und beißt.
Früher hat sich Florian gegen sie nicht wehren können.
Ist sie auf den Spielplatz im Park gekommen,
ist er heimgelaufen.

Seit er die Drachen hat,
muss er das nicht mehr tun.
Fängt Lea Streit an,
flitzt BÖSER DRACHE herbei
und pustet.
So heiß und so stark,
dass sich Lea keinen Schritt
näher an Florian heran traut.

- Welche besonderen Wesen kennt Florian? Was können sie? Beschreibt.
- Wie geht die Geschichte weiter? Erzähle mit deinem Lesepartner zusammen.
- Wozu brauchst du einen Drachen? Wie sollte er aussehen und was muss er können? Schreibe.

GUTER DRACHE hilft Florian auch oft.
Zum Beispiel, wenn sich Florian Max zum Freund wünscht
und nicht weiß, wie er das Max sagen soll.
Dann flitzt GUTER DRACHE herbei und pustet
unendlich viele, toll schillernde Seifenblasen
rund um Florian und Max herum,
und Max lacht und sagt: „Dich mag ich! Willst du mein Freund sein?"

Am Nachmittag besuchen die Drachen Florian daheim.
Bevor sie an der Haustür klingeln, schrumpfen sie.
So groß, wie sie sonst sind, würden sie in das Haus nicht reinpassen.
Angenehm, haben sie Florian erzählt, ist es nicht, geschrumpft zu sein.
Sie machen das nur Florian zuliebe.

Christine Nöstlinger

Mein Drache

Male deinen eigenen Drachen.

Es gibt so Tage, ...

... da wollen sich alle irgendwo anlehnen.

... da haben alle Schatten Farben.

○ Wann und wo möchtest du dich anlehnen? Wie fühlt sich das an? Beschreibe.
◐ Was ist das Besondere, wenn alle Schatten Farben haben? Erkläre.
  Welche Farbe hätte dein Schatten? Warum? Beschreibe.
● „Es gibt so Tage, da ..." Schreibe den Satz so weiter, wie er für dich stimmt.

... da zeigt jeder ein Kunststück.

Heinz Janisch, Helga Bansch

Mein Kunststück – dein Kunststück

Mein bestes Kunststück ist ein Rad mit super gestreckten Beinen.

Ich kann auf Arabisch bis zwanzig zählen.

Ich kann einen schwierigen Zaubertrick – der ist echt ein Kunststück!

Ich kann mit den Ohren wackeln. Guck mal!

... und du?

In der Natur

Tiere auf der Wiese

| Schmetterling | Frosch | Hummel | Spinne | Schnecke |

| Grashüpfer | Marienkäfer | Maus | Regenwurm | Storch |

Zu diesem Text gibt es auch ein Lied. Kennt ihr es? Wo könntet ihr nachforschen?

Auf unsrer Wiese gehet was, watet durch die Sümpfe.
Es hat ein schwarz-weiß Röcklein an,
trägt auch rote Strümpfe.
Fängt die Frösche schnapp, schnapp, schnapp,
klappert lustig, klapper-di-klapp,
wer kann das erraten? *August Heinrich Hoffmann von Fallersleben*

○ Um welches Tier geht es in dem Rate-Text? Begründet.
◐ Was könnt ihr noch alles hören, wenn ihr (in der Natur) mäuschenstill seid?
● Denkt euch ein passendes Fangspiel zum Rate-Text aus. Erklärt eure Regeln.

Augentraining mit einem Naturgedicht

Das leise Gedicht

Wer mäuschenstill am Bache sitzt,
kann hören, wie ein Fischlein flitzt.
Wer mäuschenstill im Grase liegt,
kann hören, wie ein Falter fliegt.
Wer mäuschenstill im Bette lauscht,
kann hören, wie der Regen rauscht.
Wer mäuschenstill im Walde steht,
kann hören, wie ein Rehlein geht.
Wer mäuschenstill ist und nicht stört,
kann hören, was man sonst nicht hört.

Alfred Könner

Reimwörter

Welche Wörter reimen sich? Zeigt sie auch oben im Gedicht.

| sitzt | liegt | lauscht | steht | stört |

| fliegt | geht | flitzt | hört | rauscht |

Ich kenne drei Tiere auf der Wiese: …

Mein Körper

🔊 **Gesunde Zähne**

Als Baby hast du nach und nach 20 Milchzähne bekommen.
Deine Zähne sind unterschiedlich:
Du hast Schneidezähne, Eckzähne und Backenzähne.
Als Grundschulkind fallen dir die Milchzähne
nach und nach wieder aus.
Neue, bleibende Zähne wachsen nach.
Du musst deine Zähne sehr gut putzen,
damit sie gesund bleiben.

Zu viel Zucker ist schlecht für deine Zähne.
Hier kannst du sehen,
wie viel Zucker sich in den Lebensmitteln versteckt.

Lebensmittel und darin enthaltener Zucker pro Portion:

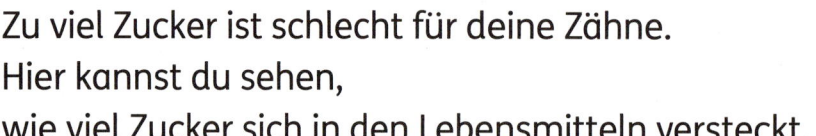

○ Betrachtet eure Zähne in einem Spiegel. Wie viele Zähne habt ihr? Zählt und beschreibt.
◐ Was müsst ihr unbedingt tun, wenn ihr süße Leckereien gegessen habt? Erklärt.
● Jeder mag etwas anderes. Du bestimmst, was dir gefällt. Warum ist das so? Erklärt.

🔊 NEINsagen ist okay

Du bestimmst, was dir gefällt.

Leo, darf ich mal deine flauschige Mähne kraulen?

Heute lieber nicht, Krok.

Gleich kitzele ich dich, Krok!

Nein, das mag ich nicht!

Ich möchte nicht. Können wir uns lieber die Rüssel geben?

Gib Tante Elsa ein Küsschen, Ele!

Fühlrätsel

Kannst du erraten,
was dir dein Partner oder deine Partnerin
auf den Rücken malt?
Achtung, frage vorher nach,
ob deine Partnerin oder dein Partner
am Rücken angefasst werden möchte!

Ist es ein Baum? Oder eine Blume?

Alle Zeit der Welt

Weihnachtszeit **Schul**zeit **Ruhe**zeit **Mahl**zeit
Uhrzeit **Eis**zeit **Frei**zeit **Sommer**zeit
Halbzeit **Aus**zeit **Jahres**zeit **Arbeits**zeit
Lebenszeit **Stein**zeit **Mittags**zeit **Regen**zeit

Zeitnot **Zeit**lupe **Zeit**mangel **Zeit**gefühl
Zeitreise **Zeit**messung **Zeit**punkt **Zeit**schrift

Tim, 5 Jahre alt:
„Zeit ist, wenn man alles ganz langsam machen kann."

Julia, 12 Jahre alt:
„Zeit ist ein kleines freches Monster, das in der Uhr eingesperrt ist."

Zeit ist …

- Lest die Wörter auf dem Zettel. Was haben sie gemeinsam? Was ist unterschiedlich? Erklärt.
- Was bedeuten die Wörter? Malt und erklärt.
- Was ist „Zeit" für euch? Beschreibt und begründet.

Antje Damm

Ein Lebenszeit-Leporello

Gestaltet euer Lebenszeit-Leporello und stellt es einander vor.

Mit Sprache spielen

Zauberwörter und Zungenbrecher

Toni
Tini
Tina
Nina

Rose
Hose
Hase
Nase

Mimi
Mami
Mama
Lama

Ich zaubere aus einem Wort ein anderes Wort.

Freitags muss Fritze Fischers Frau Frieda fischen,
denn Fritze faulenzt im Federbett.
Sie fängt:
einen Föhn, einen Fußlappen,
einen Federball und eine Flasche Fett.

Walli wartet auf Wolle.
Wölfe warten auf Wollwesten,
denn bei Winterwetter im Wald
wird Wölfen ohne Weste kalt. *Nadia Budde*

- Lest die Zauberwörter. Wie hat Leo gezaubert? Beschreibt.
- Warum heißen die beiden kleinen Texte „Zungenbrecher"? Was ist an den Wörtern besonders? Überlegt und begründet.
- Erfindet ein eigenes Zauberwort oder einen eigenen Zungenbrecher. Tragt vor.

🔊 Wachsende Wörter

Spiel

Spielzeug

Spielzeugkiste

Fuß

Fußball

Fußballplatz

Eis

Erdbeereis

Erdbeereisbecher

Riesenerdbeereisbecher

Schloss

Schlossturm

Schlossturmtür

Schlossturmtürschloss

Schlossturmtürschlossschlüssel

Ein Wort wachsen lassen

Lasst die Wörter weiterwachsen. Schreibt sie auf.

Kinder	Baum	Platz
Kinderzimmer	Apfelbaum	Spielplatz
…	…	…

 Ich kenne ein langes, zusammengesetztes Wort: …

Noch mehr Sprachspiele 🗣🗣

Mei Dramland

> ### Mei Dramland
>
> Beim Eischlafa denk i an mei Dramland.
> Olle Kinder woin mit mia spuin
> und i derf song, was ma spuin.
> Koana haut zua und koana durt dem andern weh.
> Im Dramland gibt's nur brave Leit
> und die Erwachsenen hörn de Kinder guat zua.
> I muaß net ins Bett geh, wenn i net mog
> und liegn bleibn derf i, so lang i mog.
> De Zeit bis Weihnachten und bis Geburtstag wird
> vergeht vui schneller ois wia jetzt.
> Und wenn i in da Früa aufwach,
> dann war i in der Nacht in meim Dramland.
>
> **Dramst du a und woast du no, von wos?**
>
> Karl Synek

○ Könnt ihr den Text lesen? Warum, warum nicht? Wer könnte euch helfen? Begründet.
◐ Erzählt mit eigenen Worten, was im Text steht. Vergleicht Wörter der Mundart mit der Hochsprache. Welche Mundartwörter kennt ihr noch?
● Warum können Teekesselchen-Wörter zu Missverständnissen führen? Überlegt und begründet.

🔊 **Teekesselchen**

Manchmal gibt es für zwei Dinge nur ein einziges Wort.
Das Wort **Schloss** meint das **Schloss in der Tür**.

Das Wort **Schloss** meint aber auch
das **prächtige Gebäude**,
das sich früher Könige bauen ließen.

Mit solchen Wörtern kann man ein Ratespiel machen:
das Teekesselchen-Spiel.
Einigt euch zu zweit auf ein Wort,
das zwei Bedeutungen hat.
Das Wort ist euer **Teekesselchen**.

Jedes Kind beschreibt nun abwechselnd seinen Gegenstand:
„Mein Teekesselchen ist eine Frucht."
„Mein Teekesselchen ist in einer Lampe."
Die Zuhörer raten.

Teekesselchen-Wörter

Welche Wörter passen als Teekesselchen zusammen?
Nutzt sie für eure Rätsel.

 Ich kenne zwei Wörter aus meinem Dialekt: ...

Tier-Rätselei

Affen

Affen findet man im Zoo
und im Urwald sowieso.
Doch man kann sie auch entdecken,
wenn sie im Wort „Gir**affe**n" stecken.
Zwar sucht man Affen nicht im Tee,
doch findet man sie im K**affe**e.
Sie sind in W**affe**ln, sind in W**affe**n,
in L**affe**n, G**affe**rn und in Pf**affe**n.
Sch**affe**n, r**affe**n, str**affe**n, p**affe**n:
Überall die frechen Affen!
Wie gut, dass man im L**eber**tran
nur einen **Eber** finden kann.

Paul Maar

○ Was ist das Besondere an dem Gedicht über die Affen? Beschreibt.
◒ Kennt ihr Wörter, die ein anderes Wort enthalten? Schreibt auf. Vergleicht mit anderen.
● Rätselst du gern? Warum (nicht)? Was macht Rätsel so spannend? Überlegt und begründet.

🔊 **Wer ist es?**

Mein Tier kann hüpfen.

Es lebt weit weg, in Australien.

Es trägt sein Junges im Beutel.

Mein Tier kann auch hüpfen.

Es sitzt gern am Ufer des Teiches.

Bei Gefahr hüpft es schnell ins Wasser.

Mein Tier kann auch hüpfen.

Es pickt nach Würmern im Gras.

Mein Tier baut sich ein Nest im Strauch.

Mein Tier kann ...

... schwimmen:

... fliegen:

... schnell rennen:

Erfindet eigene Rätselbeschreibungen. Schreibt sie auf.

Durch das Jahr
Ich lieb den Frühling

Ich lieb den Frühling,
ich lieb den Sonnenschein.
Wann wird es endlich
mal wieder wärmer sein?
Schnee, Eis und Kälte
müssen bald vergehen.
Dumdidadi ...

Ich lieb den Sommer,
ich mag den Sand,
das Meer,
Sandburgen bauen
und keinen Regen mehr,
Eis essen, Sonnenschein,
so soll's immer sein.
Dumdidadi ...

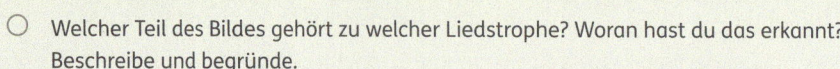

○ Welcher Teil des Bildes gehört zu welcher Liedstrophe? Woran hast du das erkannt? Beschreibe und begründe.
◐ Wann hast du Geburtstag? In welcher Jahreszeit ist das? Wie ist dann meist das Wetter?
● Male dich in deiner Lieblingsjahreszeit. Was unternimmst du? Schreibe dazu.

Ich lieb die Herbstzeit,
stürmt's auf dem Stoppelfeld,
Drachen, die steigen
hoch in das Himmelszelt.
Bunte Blätter fallen
von dem Baum herab.
Dumdidadi ...

Ich lieb den Winter,
wenn es dann endlich schneit,
hol ich den Schlitten,
denn es ist Winterszeit,
Schneemann bauen,
Rodeln gehen,
ja, das find ich schön.
Dumdidadi ...

Heike Schrader

○ Singt gemeinsam das Lied. Nutzt Rhythmusinstrumente.
◐ Spiele eine Aktivität aus dem Bild pantomimisch vor. Die anderen raten.
● Setze Jahreszeitenwörter zusammen: Sommerferien, Nikolausgedicht, Weihnachtsfeier, Frühlingsanfang, Herbststurm, ...

Sankt Martin

Da kommt Martin.
Sein Mantel ist warm.

Am Tor wartet ein armer Mann.
Er friert.

Martin teilt seinen Mantel
mit dem Mann.

Liebe ist wie ein Licht.

○ Erzähle die Geschichte von St. Martin mit deinen eigenen Worten. Was weißt du noch darüber?
◐ Spielt die Geschichte. Welche Personen kommen vor? Was sollen sie sagen?
● „Liebe ist wie ein Licht" – was bedeutet das? Überlege und begründe.

🔊 Der heilige Nikolaus

Nikolaus war Bischof in der Stadt Myra.
Myra liegt heute in der Türkei.
Einmal war in Myra große Not.
Die Leute hatten nichts zu essen.

Da kam ein Schiff
mit Getreide.

Nikolaus bat:
Gebt uns Getreide.
Wir haben Hunger.

Die Matrosen
brachten alles
Getreide an Land.

Aber am nächsten Tag
fehlte auf dem Schiff
nicht ein einziges Korn.

Die Leute von Myra
konnten sich sattessen.

- ○ Was war das Wunder an der Geschichte vom heiligen Nikolaus? Beschreibe.
- ◐ Wie feierst du Nikolaus? Erzähle. Kennst du auch noch andere Nikolausbräuche?
- Wo liegt Myra und wie heißt die Stadt heute? Forsche nach. Zeige den Ort auf einer Karte.

Verkündigung

1. Erzähler: Wir sind in Bethlehem.
2. Erzähler: Es ist Nacht.
3. Erzähler: Die Hirten sind auf dem Feld. Sie sitzen um das Feuer.
4. Erzähler: Die Hirten passen auf ihre Schafe auf.

1. Hirte: Die Nacht ist so kalt.
2. Hirte: Die Nacht ist so dunkel.
3. Hirte: Kein Stern ist am Himmel.

1. Hirte: Ich kann nicht einschlafen.
2. Hirte: Die Schafe sind so unruhig.
3. Hirte: Schaut doch! Dort!

1. Hirte: Ein heller Schein am Himmel!
2. Hirte: Wie es strahlt und leuchtet!
3. Hirte: Es wird heller und heller!
4. Hirte: Da, ein Engel!

Engel: Fürchtet euch nicht!
Jesus, der Sohn Gottes, ist heute geboren.
Seht dort den Stern. Dort ist der Stall.
Dorthin müsst ihr gehen.
Da findet ihr das Kind.

1. Hirte: Habt ihr das gehört?
2. Hirte: Der Sohn Gottes ist geboren.
3. Hirte: Wir sollen zum Stall gehen.
4. Hirte: Wir sollen zum Kind gehen.

○ Wovon erzählt der Text? Erzähle mit deinen eigenen Worten.
◐ Male zur Geschichte. Stelle dein Bild einem anderen Kind vor. Was hast du wie gemalt/dargestellt?
● Bastle einen Stern aus Transparentpapier. Wem möchtest du ihn schenken?

1. Hirte: Also los!
2. Hirte: Und unsere Schafe?
3. Hirte: In dieser Nacht sind sie in Gottes Hand.

5. Erzähler: Die Hirten nehmen ihre Laternen.
6. Erzähler: Sie machen sich auf den Weg.
7. Erzähler: Sie tragen das Licht in die Welt.

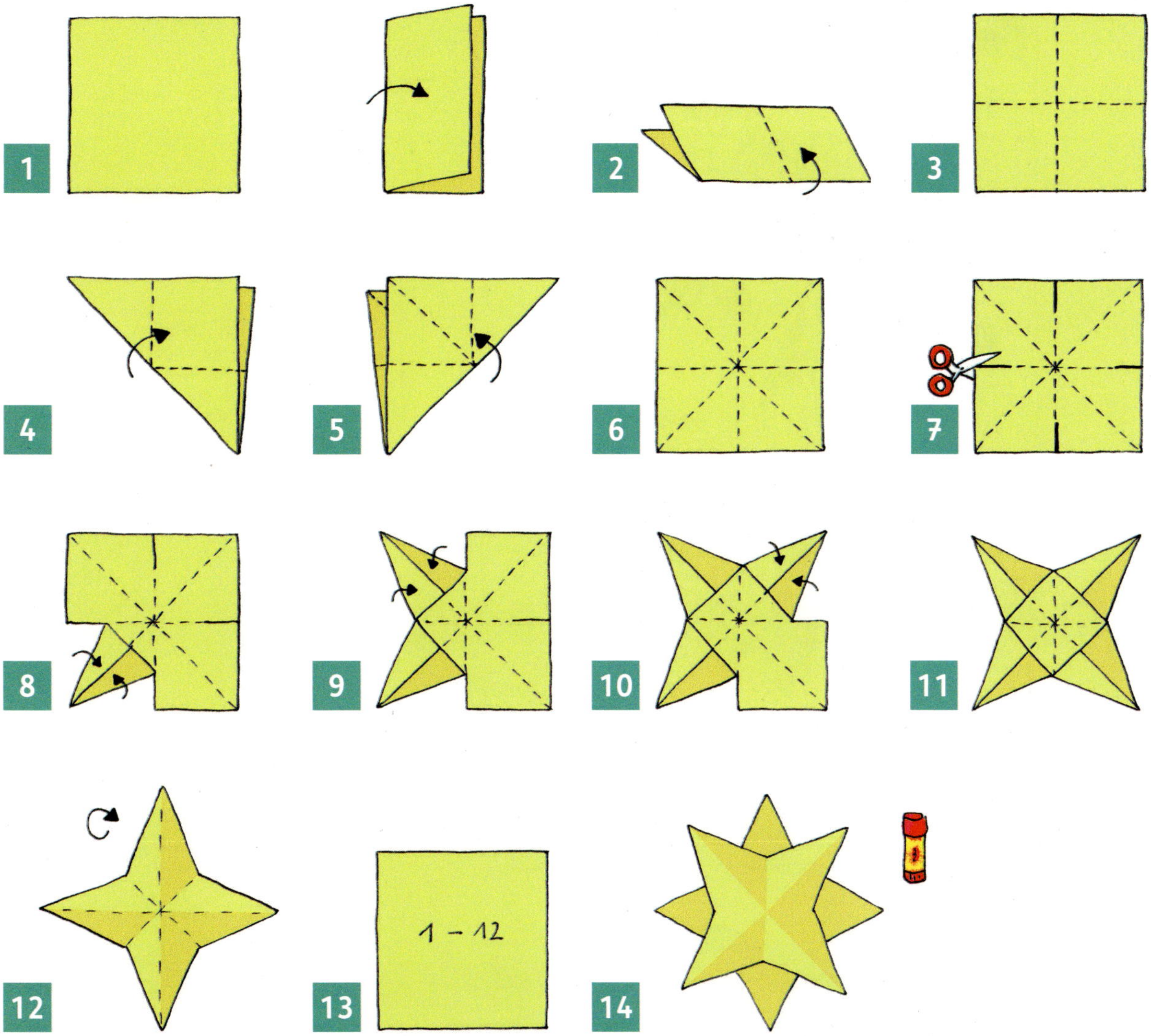

○ Welches Weihnachtslied könnte zu dem Text passen? Sammelt Lieder und singt.
◐ Lest den Text mit verteilten Rollen. Wie wollt ihr betonen? Wie soll eure Stimme klingen?
● Nehmt eure Lesung und euer Lied auf, z. B. mit dem Handy. Hört euch die Aufnahme an. Wie ist es gelungen?

Im Winter

○ Wer hat welche Spuren im Schnee hinterlassen? Vermute und begründe.
◐ Welche Vögel erkennst du? Warum benötigen sie in einem harten Winter Futter von uns?
● Was ist das Besondere an diesem Schneemann? Kannst du so etwas auch mit dem Wort „Tanne"?

Im Frühling

Diese Blumen blühen im Frühling zuerst.

Du brauchst für einen Ostergruß:
- einen kleinen Blumentopf mit Untersetzer,
- etwas Blumenerde,
- Samen von Kresse oder Weizen.

Fülle die Erde in deinen Blumentopf.
Streue die Samen auf die Erde.
Drücke die Samen in der Erde fest.
Stelle deinen Topf an einen sonnigen Platz.
Gieße jeden Tag.

Deinen Blumentopf kannst du vorab mit Farbe gestalten.
Du kannst auch eine Osterfigur
auf einem Holzstäbchen basteln
und hineinstecken.

○ Welche Frühblüher kennst du? Zähle auf und beschreibe.
◐ Wie feierst du Ostern? Male ein Bild. Du kannst auch dazu schreiben.
● Was weißt du über die Ostergeschichte aus der Bibel? Erzähle mit anderen Kindern zusammen.

Muttertag und Vatertag

Zum Muttertag
Ich freue mich, wenn ich dich seh,
ich finde dich so nett.
Ich schenke dir mein **H** und **E**,
mein **R** und auch mein **Z**.

Frantz Wittkamp

Ich mag's nicht,
wenn ich was aufsagen muss.
Mein Gedicht
ist ein Kuss.

Georg Bydlinski

I liab' di so fescht,
wia dr Baum seine Äscht',
wia dr Himl seine Schtera,
grad' so hau i di gera.

Volksgut

- Welches Gedicht gefällt dir am besten? Begründe.
- Schreibe ein Gedicht auf eine Schmuckkarte. Male und gestalte dazu.
- Lerne ein Gedicht auswendig und trage es vor. Die Tipps von Seite 86 und 87 helfen dir.

🔊 Sommer, Sonne, Sommerferien

Wenn Leo in die Ferien geht,
dann schläft er gern im Garten.
Im Zelt fühlt er sich pudelwohl.
Er kann es kaum erwarten.

Wenn Lea in die Ferien geht,
kommt Teddy mit zum Kuscheln.
Am Strand baut Lea eine Burg
und sammelt viele Muscheln.

Wenn Ele in die Ferien geht,
packt sie in ihre Taschen:
Sandalen und ein Sommerkleid
und Sonnenmilch in Flaschen.

Wenn Leo in die Ferien geht,
dann steigt er in den Flieger.
Er fliegt damit nach Sumatra
zu seinem Freund, dem Tiger.

○ Wie machen die Kinder/Tiere im Gedicht Ferien? Wie machst du Ferien? Erzähle.
◐ Spielt zusammen „Ich packe meinen Koffer…". Wie viele Begriffe schafft ihr?
● Sammelt Sommer- und Ferien-Wörter. Dichtet das Gedicht damit gemeinsam weiter. Schreibt es auf.

Textquellennachweis
56 Kirsten Boie: Der kleine Ritter Trenk. Hamburg, Friedrich Oetinger Verlag, 2006, S. 19.; **119** Paul, Baptiste: Das Spiel. Übers. v. Thomas Bodmer. NordSüd 2018. Unpaginiert.; **134** Nöstlinger, Christine: Guter Drache & Böser Drache. Residenz Verlag 2012. Unpaginiert.; **136** Bansch, Helga; Janisch, Heinz: Es gibt so Tage. Jungbrunnen 2001; **138** "Auf unsrer Wiese gehet was" von August Heinrich Hoffmann von Fallersleben; **139** Alfred Könner, Das leise Gedicht, in: Christa Holtei (Hrsg.), Carloa Holland (Ill.), Abc-Suppe und Wortsalat. Geschichten, Spiele und Gedichte rund um die Sprache. Patmos 2006; **142** Damm, Antje: Alle Zeit der Welt. Moritz 2007. S. 1 u. 92.; **144.2** Budde, Nadia: Trauriger Tiger toastet Tomaten. Ein ABC. Hammer Verlag 2002. Unpaginiert; **144.3** Budde, Nadia: Trauriger Tiger toastet Tomaten. Ein ABC. Hammer Verlag 2002. Unpaginiert.; **146** Synek, Karl: Boarische Gschichtal für Dirndln und Buam. Presse und Mehr GmbH 2019.; **148** Maar, Paul: Affen. Aus: Gutzschhahn, Uwe-Michael (Hrsg.): Sieben Ziegen fliegen durch die Nacht. Hundert neue Kindergedichte. dtv junior 2018. S. 153; **150** Ich lieb' den Sommer (I like the flowers). Text: Schrader, Heike © Rechte beim Urheber; **158.1** Wittkamp, Frantz: Zum Muttertag. Aus: Ders.: Alle Tage ein Gedicht. Tagebuch und immerwährender Kalender. Münster: Coppenrath 2002; **158.2** Bydlinski, Georg: Ich mag's nicht, wenn ich was aufsagen muss. Aus: Ders.: Die bunte Brücke. Herder 1992.;

Bildquellennachweis
Ablang, Friederike, Berlin, **31.7**; **50.2**; **83.4**; **83.5**; **83.6**; **83.7**; **147.2**; Ackroyd, Dorothea, Bielefeld, **126.3**; Aus: Antje Damm, Alle Zeit der Welt © 2007 Moritz Verlag, Frankfurt am Main, **143.1**; **143.2**; **143.4**; aus: Janisch/Bansch, "Es gibt so Tage" © 2001 Verlag Jungbrunnen Wien, **136.1**; **136.2**; **136.3**; **137.1**; Blickwinkel, Witten (A. Hartl), **60.12**; Burghart-Vollhardt, Martina, Kamenz, **12.2**; **31.6**; **31.8**; **31.11**; **31.12**; **31.13**; **31.14**; **31.16**; **31.18**; **40.8**; **41.2**; **41.13**; **45.1**; **45.3**; **59.3**; **60.2**; **60.3**; **60.4**; **60.5**; **60.7**; **60.8**; **64.2**; **65.6**; **65.7**; **65.8**; **73.8**; **73.9**; **83.2**; **84.3**; **84.4**; **84.5**; **90.2**; **90.3**; **91.4**; **91.7**; **91.13**; **93.5**; **117.4**; **121.13**; **152.1**; **152.2**; **152.3**; **152.4**; **153.1**; **153.2**; **153.3**; **153.4**; **153.5**; **153.6**; **157.2**; **157.3**; Christine Nöstlinger: Guter Drache, böser Drache © G&G Verlagsgesellschaft mbH, Wien, 2012, **134.1**; **135.1**; Citak, Angelika, Wipperfürth, **57.5**; Clormann, Udo, Wiesbaden, **149.4**; dreamstime.com, Brentwood, TN (Elio Mazzacane), **118.3**; Droessler, Thorsten, Leipzig, **147.10**; Ernst Klett Verlag GmbH, Stuttgart, **121.5**; Fahl, Axel, Reichelsheim, **147.11**; Frenzel, Franziska, Leipzig, **15.4**; **15.5**; **15.6**; **15.7**; **37.6**; **37.7**; **37.8**; **37.9**; **37.10**; **61.6**; **61.7**; **61.8**; **61.9**; **61.11**; **61.12**; **66.1**; **66.2**; **66.3**; **66.4**; **66.5**; **67.2**; **67.3**; **67.4**; **67.5**; **67.6**; **97.10**; **97.11**; Fröhlich, Anke, Leipzig, **9.2**; **11.1**; **11.2**; **11.3**; **13.2**; **13.3**; **15.2**; **17.2**; **17.7**; **17.9**; **25.1**; **25.2**; **27.2**; **28.2**; **28.3**; **28.5**; **29.16**; **29.17**; **29.18**; **29.19**; **31.9**; **33.1**; **33.8**; **33.9**; **35.1**; **37.1**; **37.2**; **39.1**; **40.3**; **40.4**; **40.5**; **40.7**; **41.3**; **41.14**; **41.15**; **47.1**; **49.1**; **51.1**; **53.1**; **59.1**; **61.1**; **63.1**; **65.1**; **67.1**; **73.1**; **75.1**; **77.1**; **79.1**; **81.1**; **83.1**; **84.6**; **89.1**; **91.1**; **91.2**; **91.10**; **91.11**; **91.12**; **91.14**; **95.1**; **97.1**; **103.1**; **105.1**; **107.1**; **111.1**; **117.1**; **117.5**; **117.6**; **117.7**; **119.1**; **121.1**; **121.2**; **121.3**; **121.7**; **121.16**; **123.1**; **125.1**; **125.2**; **144.1**; **144.3**; **144.5**; **144.6**; **147.6**; **147.8**; **147.9**; **147.12**; **147.13**; **149.2**; **149.6**; **149.7**; **149.8**; **149.9**; Geoatlas, Hendaye, **93.3**; Getty Images Plus, München (Westhoff/iStock), **60.10**; Getty Images, München (by wildestanimal), **58.3**; Getty Images, München (Farm Images / Kontributor), **118.1**; Greune, Mascha, München, **130.2**; Heike Stein, Markranstädt (Frenzel, Franziska), **15.3**; Hochmann, Carmen, Gütersloh, **4.1**; **6.1**; **7.1**; **7.2**; **8.1**; **9.3**; **9.4**; **9.5**; **10.1**; **12.1**; **13.4**; **13.5**; **13.6**; **14.1**; **15.1**; **16.1**; **16.2**; **16.4**; **17.1**; **17.11**; **17.15**; **17.17**; **17**; **18.1**; **19.1**; **19.2**; **19.3**; **19.4**; **19.5**; **19.6**; **19.7**; **19.8**; **19.9**; **19.10**; **19.11**; **20.1**; **21.2**; **22.1**; **22.2**; **22.3**; **23.2**; **23.3**; **24.1**; **24.2**; **24.3**; **25.3**; **25.4**; **25.5**; **26.1**; **26.2**; **26.3**; **27.3**; **28.1**; **28.7**; **29.6**; **29.7**; **29.13**; **29.14**; **30.1**; **31.1**; **31.2**; **31.4**; **31.10**; **32.1**; **32.2**; **33.10**; **34.1**; **35.2**; **35.3**; **36.1**; **36.2**; **37.3**; **37.4**; **37.5**; **38.1**; **38.2**; **38.3**; **38.4**; **38.5**; **38.6**; **39.5**; **39.7**; **39.10**; **39.13**; **40.1**; **40.2**; **40.9**; **41.1**; **41.4**; **41.5**; **41.6**; **41.7**; **41.8**; **41.9**; **41.10**; **41.10**; **42.1**; **42.2**; **42.3**; **43.1**; **43.2**; **43.3**; **43.4**; **43.5**; **43.6**; **44.1**; **45.2**; **45.5**; **46.1**; **46.2**; **46.3**; **46.4**; **47.2**; **47.3**; **47.4**; **47.5**; **47.6**; **48.1**; **48.2**; **48.3**; **49.2**; **50.1**; **50.3**; **51.2**; **51.3**; **51.5**; **52.1**; **53.2**; **53.3**; **53.4**; **54.1**; **54.2**; **54.3**; **54.4**; **54.5**; **55.1**; **55.2**; **55.3**; **55.4**; **56.1**; **59.4**; **60.9**; **61.2**; **61.3**; **61.4**; **62.1**; **63.3**; **63.4**; **63.5**; **63.6**; **63.7**; **63.8**; **63.9**; **63.10**; **63.11**; **63.11**; **64.1**; **64.3**; **64.4**; **64.6**; **65.2**; **66.6**; **67.7**; **67.8**; **68.2**; **68.7**; **69.1**; **69.2**; **69.3**; **70.1**; **71.1**; **72.2**; **72.3**; **72.4**; **73.2**; **73.3**; **73.4**; **73.5**; **73.6**; **73.7**; **74.1**; **74.2**; **74.3**; **75.2**; **75.3**; **76.1**; **76.2**; **77.2**; **77.3**; **77.4**; **77.5**; **78.1**; **78.2**; **78.3**; **78.4**; **78.5**; **78.6**; **79.3**; **79.5**; **79.6**; **79.7**; **79.8**; **80.1**; **80.2**; **80.3**; **80.4**; **80.5**; **81.2**; **82.1**; **83.3**; **83.8**; **83.9**; **84.1**; **84.2**; **84.7**; **85.1**; **85.2**; **85.4**; **86.1**; **86.2**; **86.3**; **86.4**; **87.1**; **87.2**; **88.1**; **88.2**; **89.2**; **89.4**; **90.1**; **90.4**; **90.6**; **90.8**; **91.5**; **91.8**; **92.1**; **92.2**; **93.2**; **94.1**; **95.2**; **95.3**; **96.1**; **97.2**; **97.3**; **97.5**; **97.6**; **97.7**; **97.8**; **97.9**; **98.1**; **98.3**; **99.1**; **99.2**; **99.4**; **101.1**; **102.1**; **102.2**; **102.3**; **103.2**; **103.3**; **104.1**; **105.2**; **105.3**; **106.1**; **107.2**; **107.3**; **108.1**; **109.2**; **110.1**; **110.2**; **110.3**; **110.4**; **111.2**; **112.1**; **112.2**; **112.3**; **113.1**; **113.2**; **113.3**; **113.4**; **113.5**; **113.6**; **113.7**; **113.8**; **113.9**; **113.10**; **114.1**; **115.1**; **115.2**; **115.3**; **115.4**; **115.5**; **117.2**; **117.3**; **118.4**; **119.2**; **119.3**; **120.2**; **121.4**; **122.1**; **122.2**; **122.3**; **122.4**; **123.2**; **123.3**; **123.4**; **123.5**; **123.6**; **124.1**; **125.3**; **125.4**; **125.5**; **125.6**; **125.7**; **125.8**; **125.9**; **125.10**; **125.11**; **125.12**; **125.13**; **125.14**; **125.15**; **125.16**; **126.1**; **126.2**; **127.1**; **127.2**; **128.1**; **128.2**; **128.3**; **128.4**; **129.1**; **129.2**; **129.3**; **129.4**; **129.4**; **129.5**; **130.1**; **131.1**; **131.2**; **132.1**; **132.2**; **132.3**; **132.4**; **132.5**; **132.6**; **133.1**; **138.1**; **138.2**; **139.1**; **140.3**; **140.4**; **140.5**; **140.6**; **140.8**; **140.9**; **140.10**; **140.11**; **140.14**; **141.1**; **141.2**; **141.3**; **141.4**; **141.5**; **141.6**; **141.7**; **142.2**; **142.3**; **143.4**; **144.7**; **144.8**; **144.9**; **145.1**; **145.2**; **145.3**; **145.4**; **146.1**; **146.2**; **147.3**; **148.1**; **149.1**; **150.1**; **154.1**; **154.2**; **155.1**; **155.2**; **156.1**; **157.1**; **158.1**; **159.1**; **159.2**; **159.3**; **159.4**; **U6.2**; h3-12-006735-0001, **85.1**; Jähde, Steffen, Sundhagen, **147.7**; Kilian, Svetlana, Bonn, **31.17**; Kirsten Boie, Der kleine Ritter Trenk und das Schwein der Weisen. Interpret: Karl Menrad. © JUMBO Neue Medien & Verlag GmbH, Hamburg., **57.7**; Kirsten Boie, Der kleine Ritter Trenk © Verlag Friedrich Oetinger GmbH, Hamburg, **57.1**; Kranenberg, Hendrik, Drolshagen, **17.8**; **31.5**; **60.1**; **73.10**; **121.15**; **142.1**; **149.5**; **149.10**; Krause, Jens, Leipzig, **100.1**; **100.2**; Leberer, Sven, Altenberge, **45.4**; Marc Chagall, The Circus Horse, 1962-65 © VG Bild-Kunst, Bonn 2021. Photo: © Bridgemanimages.com, Berlin, **75.4**; Mauritius Images, Mittenwald (A & J Visage / Alamy), **58.5**; Mauritius Images, Mittenwald (Danita Delimont / Alamy), **116.4**; Mauritius Images, Mittenwald (Dobino / Alamy), **116.3**; Mauritius Images, Mittenwald (Naturfoto-Online / Alamy), **59.2**; Mauritius Images, Mittenwald (xPACIFICA / Alamy), **118.2**; Mit freundlicher Genehmigung von Leonine Studios, WunderWerk GmbH, blue eyes Fiction GmbH & Co. KG, **57.3**; **57.4**; Nicolai, Axel, Sönnebüll, **130.3**; **130.4**; Oertel, Katrin, Münster, **147.1**; Oser, Liliane, Hamburg, **17.4**; **144.2**; **149.3**; Palmowski, Sven, Barcelona, El Prat de Llobregat, **60.6**; Rauschenbach, Anke, Leipzig, **39.2**; Rau, Katja, Berglen, **31.15**; **140.1**; **140.2**; Reckers, Sandra, Münster, **72.1**; Riday, Glummie, Leipzig, **147.4**; Schumann, Friederike, Berlin, **147.5**; ShutterStock.com RF, New York (Artgraphixel), **93.4**; ShutterStock.com RF, New York (DeanHarty), **116.6**; ShutterStock.com RF, New York (ivanfolio), **116.5**; ShutterStock.com RF, New York (Juan Gracia), **58.6**; ShutterStock.com RF, New York (Nerthuz), **57.2**; ShutterStock.com RF, New York (Photo Melon), **57.5**; ShutterStock.com RF, New York (Roger Clark ARPS), **60.11**; ShutterStock.com RF, New York (Route66), **93.7**; ShutterStock.com RF, New York (Seb c'est bien), **58.1**; ShutterStock.com RF, New York (Shane Gross), **58.2**; Slawski, Wolfgang, Kiel, **130.5**; stock.adobe.com, Dublin (ADESIGN), **93.8**; stock.adobe.com, Dublin (bummi100), **58.4**; stock.adobe.com, Dublin (Erni), **60.15**; stock.adobe.com, Dublin (Gina Sanders), **88.3**; stock.adobe.com, Dublin (graja), **88.5**; stock.adobe.com, Dublin (HildaWeges), **88.4**; stock.adobe.com, Dublin (Kemedo), **60.13**; stock.adobe.com, Dublin (Silver), **60.14**; stock.adobe.com, Dublin (Stefan Gräf), **116.2**; stock.adobe.com, Dublin (Steve Byland), **89.3**; Thinkstock, München (Digital Vision), **116.1**; Thinkstock, München (Hemera), **93.6**; Thinkstock, München (iStock/WitR), **120.1**